Anne Buscha ▪ Szilvia Szita

Begegnungen

Deutsch als Fremdsprache

Handbuch für Lehrende

Sprachniveau A2+

3., veränderte Auflage

Mit Zeichnungen von Jean-Marc Deltorn

Bitte beachten Sie unser Internet-Angebot mit zusätzlichen Aufgaben und Übungen zum Lehrwerk unter:

www.aufgaben.schubert-verlag.de

Verlagsredaktion: Albrecht Klemm
Zeichnungen: Jean-Marc Deltorn
Layout und Satz: Diana Liebers

3., veränd. Auflage 2022

Printed in Germany
ISBN: 978-3-96915-024-5

Inhaltsverzeichnis

Allgemeine Hinweise zur Arbeit mit Begegnungen A2+

Vorbemerkungen zum Buch

Begegnungen A2+ ist ein modernes und kommunikatives Lehrwerk für den Anfängerunterricht. Es richtet sich an Erwachsene, die auf schnelle und effektive Weise Deutsch lernen möchten. Das Lehrbuch berücksichtigt die sprachlichen, inhaltlichen und intellektuellen Anforderungen erwachsener Lernender bereits auf dem Niveau A2 des Europäischen Referenzrahmens für Sprachen.

Die Konzeption des Lehr- und Arbeitsbuches geht von folgenden Eckpunkten aus:

- logischer und klar strukturierter **Aufbau**, der den Lernenden einen selbstständigen und einfachen Umgang mit dem Lehrstoff ermöglicht,
- **Progression**, die erwachsenen Lernenden angemessen ist und in Verbindung mit einem durchdachten Wiederholungssystem einen schnellen und zugleich nachhaltigen Lernerfolg sichert,
- interessante **Themen**, die sich an der Erfahrungswelt von Erwachsenen orientieren und auch die Interessen der Lernenden mit einbeziehen, die außerhalb des deutschen Sprachraums leben,
- enge Verbindung von konzentrierter **Grammatik- und Wortschatzarbeit**, die eine bewusste und eigenständige Arbeit der Lernenden fördert,
- zielgerichtete Einbindung von wesentlichen und interessanten **landeskundlichen Informationen** in den Lernstoff,
- ausgewogene Entwicklung **produktiver und rezeptiver Sprachfähigkeiten** unter Einbeziehung anspruchsvoller, aber dem jeweiligen Sprachniveau angepasster Lese- und Hörtexte,
- schwerpunktmäßige Vermittlung wesentlicher **phonetischer Erscheinungen** der deutschen Sprache im Rahmen der allgemeinen Progression des Sprachstoffs,
- **Integration von Kurs- und Arbeitsbuch** in einem Band zur Förderung bewusster, zielgerichteter und effektiver Lernarbeit.

Digitale Zusatzmaterialien: Zum Buch gibt es eine Reihe von digitalen Ergänzungen für Lehrende und Lernende. Auf der Verlagsseite sind unter *https://www.schubert-verlag.de/begegnungen_a2.php* weitere Materialien zu finden:

- Hörmaterialien im MP3-Format und in der App SCHUBERT-Audio
- Online-Übungen und Internetaufgaben
- Übersetzungen der Redemittellisten in verschiedene Sprachen

Außerdem steht das Lehrwerk in einer digitalen und interaktiven Form auf der **Lernplattform BlinkLearning** zur Verfügung. Hier sind alle Inhalte des Printbuchs, eine Vielzahl an interaktiven Aufgaben und ein Learning Management System abrufbar.

Das vorliegende **Handbuch** soll Lehrkräften die Arbeit mit **Begegnungen A2+** erleichtern. Es ist ebenfalls in einer Printausgabe und in einer digitalen und interaktiven Form auf *BlinkLearning.com* erhältlich. Die digitale Ausgabe des Handbuchs kann mithilfe der Codes auf der Umschlaginnenseite freigeschaltet werden.
Zur Unterstützung einer abwechslungsreichen und lernorientierten Gestaltung des Unterrichts sind in diesem Handbuch folgende Hilfsmittel zusammengestellt:

- **unterrichtspraktische Hinweise**: Da die Aufgaben und Themen so strukturiert sind, dass Lehrende und Lernende jeden Schritt nachvollziehen können, bieten wir in diesem Teil vor allem mögliche weiterführende, einleitende oder überleitende Fragen und Übungen an.
- zahlreiche **Arbeitsblätter**, die eine erhebliche Reduzierung der Vorbereitungszeit ermöglichen und als Kopiervorlagen genutzt werden können.
- Folien für die Arbeit am **Whiteboard/Smartboard**: Diese Materialien fördern die Interaktion im Unterricht, bieten zahlreiche Sprechanlässe und können auch zur besseren Veranschaulichung von Informationen eingesetzt werden.

Unterrichtspraktische Hinweise

1. Allgemeine Hinweise

Die unterrichtspraktischen Hinweise beinhalten Vorschläge zur Arbeit mit einzelnen Aufgaben des Buches und mit den Kopiervorlagen sowie für weiterführende Übungen und Hausaufgaben.

Das Lehrbuch **Begegnungen A2+** umfasst insgesamt **8 Kapitel**, die jeweils in die **Teile A** (Kernprogramm), **B** (fakultatives Zusatzangebot), **C** (Grammatik- und Wortschatzübungen) und **D** (Redemittel und Evaluation) unterteilt sind.
Das Handbuch konzentriert sich auf das Kernprogramm im **Teil A,** dem jeweils die Übungen zu Grammatik und Wortschatz **(Teil C)** zugeordnet werden. Sie finden also die Verweise auf den grammatisch-lexikalischen Übungsteil unter den Hinweisen zum Kernprogramm.

Die Hinweise zum fakultativen **Teil B** (Wissenswertes) sind kurz gefasst. Dieser Teil ist für sehr interessierte Lernende gedacht, die schon auf dem Niveau A2 mehr wissen und lernen wollen, als es die Niveaubeschreibung im Europäischen Referenzrahmen vorsieht.

2. Der fakultative Teil B im Unterricht

Die Kursteilnehmenden, die sich mit diesem Teil (als Hausaufgabe) auseinandergesetzt haben, können den Inhalt der Lesetexte im Plenum wiedergeben. Sie können auch einige nützliche Wörter oder Ausdrücke an die Tafel schreiben und ihre Bedeutung auf Deutsch oder in der Muttersprache erklären.

3. Teil D

Als schnelle und effiziente Wiederholung für die Redemittel und die Verben von **Teil D** eignen sich unter anderem folgende Übungen:

Wiederholungsübung für die Ausdrücke

Die Kursteilnehmenden schreiben zu den aufgelisteten Ausdrücken Vokabelkarten, auf denen das Nomen auf der Vorderseite, das Verb auf der Rückseite steht. Diese Karten können jederzeit auch zur Wortschatzwiederholung eingesetzt werden. Einsprachige Gruppen können auf eine Kartenseite den deutschen Ausdruck, auf die andere die Übersetzung schreiben.

Wiederholungsübung für die Verben

Schreiben Sie einige Verben aus der Verbliste am Kapitelende an die Tafel. Die Lernenden sammeln dazu passende Nomen (eventuell als Wettbewerb). Zu jedem Kapitel gehört auch ein Arbeitsblatt mit einer ähnlichen Aufgabe (Grammatik- und Wortschatztraining), das zusätzlich eingesetzt werden kann.

4. Online-Aufgaben unter *www.aufgaben.schubert-verlag.de*

Hier ist ergänzendes Übungs- und Lernmaterial zum Lehrbuch zusammengestellt. Neben Übungen, die die Lernenden online ausführen können, sind hier auch weitere Arbeitsblätter zu finden. Daneben gibt es Internet-Suchaufträge, durch die die Einbeziehung aktueller Informationen zum Buch gefördert und eine kreative, weiterführende Beschäftigung der Lernenden mit deutschsprachigem Material unterstützt wird.

Die Materialien können als Ergänzung zum Unterricht oder für die außerunterrichtliche Beschäftigung der Kursteilnehmenden mit der deutschen Sprache eingesetzt werden. Kursleitende sind so – in Verbindung mit der Nutzung der in diesem Buch abgedruckten Arbeitsblätter – in der Lage, ein auf den Sprachstand der Gruppe bzw. der einzelnen Teilnehmenden genau abgestimmtes zusätzliches Übungsangebot einzusetzen.

Arbeitsblätter

Das Handbuch enthält zu jedem Kapitel:

- **sieben kommunikationsorientierte Arbeitsblätter zu Teil A**, die der interaktiven Vertiefung von Wortschatz und Grammatik dienen (Rollenspiele, Wechselspiele, Karten, Dialoggerüste usw.),
- ein Arbeitsblatt, das die neu eingeführte **Grammatik mit Wortschatztraining** kombiniert (auch zur Wiederholung einsetzbar),
- einen **Wiederholungstest**,
- einen **Übungstest** für eine **Sprachprüfung auf dem Niveau A2**, der sich an der Prüfung *Goethe-Zertifikat A2: Start Deutsch 2* orientiert.

Methodische Hinweise zu den einzelnen Kapiteln

KL = die/der Kursleitende KT = die/der Kursteilnehmende/die Kursteilnehmenden

1 Ausbildung und Tätigkeiten

Im Phonetikteil dieses Kapitels steht der Wortakzent bei Verben im Vordergrund. Bei der Korrektur der Aussprache sollte KL auf diesen Aspekt besonders achten.

A1 Vorstellungsrunde
KT bilden Zweier- oder Dreiergruppen und stellen sich die im Buch aufgelisteten Fragen. Dann schreiben sie für eine Gesprächspartnerin/einen Gesprächspartner ein Namensschild und berichten über sie/ihn im Plenum. KT stellen ggf. Fragen an die vorgestellte Person.

Variante:
1. KL schreibt bei geschlossenem Buch solche Angaben zu ihrer/seiner Person an die Tafel, die auf die in A1 aufgelisteten Fragen antworten, ohne jedoch die Fragen zu nennen.
2. KT versuchen die Fragen zu finden, KL schreibt sie an die Tafel.
3. KT stellen sich in Zweiergruppen diese Fragen und schreiben der Gesprächspartnerin/dem Gesprächspartner ein Namensschild. (Um eine positive Atmosphäre zu schaffen, kann KL die KT bitten, auch eine Tätigkeit zu nennen, die sie besonders gut können.)
4. Die Gespächspartnerin/Der Gesprächspartner wird im Plenum vorgestellt.
5. Während der Vorstellungsrunde macht sich KL Notizen und stellt am Ende einige Fragen zu den erhaltenen Informationen, z. B.: *Wer ist in Spanien geboren? Wer kocht gern?* KT antworten mit dem Namen der Person. (Auf diese Weise prägen sich die Namen gleich am Anfang ein.)

(Als Hausaufgabe für die nächste Stunde kann KL die KT bitten, die Redemittel aus *Begegnungen A1+*, Kapitel 1, S. 32 zu wiederholen.)

A2
1. KT hören die Texte über Pedro und Martina zunächst einmal bei geschlossenem Buch.
2. KT notieren sich einige Fakten und tauschen ihre Informationen mit anderen in Kleingruppenarbeit aus.
3. Anschließend hören die KT die Texte ein zweites Mal und lesen mit. Die unbekannten Wörter werden geklärt (Plenum). Danach kann Arbeitsblatt 1 eingesetzt werden.

Arbeitsblatt 1: Pedro und Martina

Wortschatz: Angaben zur Person
Grammatik: Satzbau

1. KL teilt die Arbeitsblätter aus und erklärt die Aufgabe.
2. Auf dem Arbeitsblatt stehen zwei Lückentexte über Pedro und Martina (s. A2).
3. KT ergänzen die Texte in Einzelarbeit, dann vergleichen sie ihre Lösungen mit der Nachbarin/dem Nachbarn. Wenn die Antworten nicht übereinstimmen oder lückenhaft sind, fragen sie andere KT. Jede/Jeder sollte am Ende zwei komplette Texte vorliegen haben.
4. Die Texte werden im Plenum überprüft.

A3
1. KT beantworten die Fragen über Martina, Pedro und über sich. Anschließend tauschen sie ihre Antworten mit der Nachbarin/dem Nachbarn aus.
2. KT lesen die Antworten der Nachbarin/des Nachbarn und stellen ihr/ihm ggf. weitere Fragen.
3. Die interessantesten Informationen werden im Plenum zusammengefasst.
4. KL beantwortet im Plenum alle oder einige (von KT gewählte) Fragen.

A4 Die Zuordnungsübung mit wichtigen Redemitteln aus den Texten erfolgt in Partnerarbeit. Die Lösungen werden im Plenum präsentiert.

A5–6 A5 und A6 (Berufe und Tätigkeiten) werden im Plenum gelöst.

Mögliche weiterführende Übung 1:
Vorbereitung: KL bringt einen Würfel mit in den Unterricht. KT würfeln der Reihe nach und konjugieren das Verb in der gewürfelten Person (1 = ich, 2 = du, 3 = er, sie usw.).

Mögliche weiterführende Übung 2:

1. KL stellt eine der folgenden Fragen: *Welche Berufe finden Sie interessant/spannend/besonders wichtig?* Anschließend bittet KL die KT, die Berufe mit einer Note von 1 bis 10 zu bewerten.
2. Die Bewertungen werden im Plenum verglichen und kurz begründet (mit der Konjunktion *denn*). In einer kleineren Gruppe könnte das Ziel der Diskussion sein, einen Kompromiss zu schließen.

Grammatikübungen zur Wiederholung der Konjugation: C1–5

A7 a:

1. KL sollte KT am Anfang verdeutlichen, dass es hier keineswegs um das Testen von Vorkenntnissen, sondern ausschließlich um das Üben der Vermutungsäußerung geht.
2. KT diskutieren in Kleingruppen über Berufe mit hohem Ansehen in Österreich und ergänzen die Statistik.
3. Die Antworten werden mit dem Lösungsschlüssel kontrolliert.
4. KT sagen im Plenum, welche Informationen sie überraschend finden (z. B.: *(Pilot/in) steht auf Platz … Das finde ich überraschend! Das ist eine Überraschung für mich!*).

b: Hier können KT aus demselben Land Kleingruppen bilden und zusammen einige angesehene Berufe aus dem Heimatland sammeln.

Als Überleitung zu den Vergangenheitsformen (A8) eignet sich ein Vergleich mit der Vergangenheit, z. B.: *Vor zehn Jahren war Lehrerin/Lehrer ein Beruf mit hohem Ansehen in Spanien, aber heute …*

A8 und Arbeitsblatt 2: Haben Sie gestern …?

Wortschatz: Tätigkeiten
Grammatik: Wiederholung des Perfekts

1. KT lesen die Vorgaben in A8 durch, dann teilt KL Arbeitsblatt 2 aus. (Es enthält dieselben Ausdrücke wie A8.)
2. KL wiederholt das Perfekt. Dazu schreibt sie/er zunächst die folgenden Wendungen aus den Vorgaben an die Tafel: *ein Gespräch führen – eine E-Mail schreiben*. KT bilden im Plenum die Perfektform, KL visualisiert die Unterschiede zwischen regelmäßigen und unregelmäßigen Formen des Partizips. Danach folgen die Verben *besuchen* und *fernsehen* als Beispiele für nicht trennbare und trennbare Verben, zum Schluss das Verb *telefonieren*.
3. KT füllen zunächst das Arbeitsblatt in Einzelarbeit aus und besprechen die Ergebnisse im Plenum. KL verweist bei der Kontrolle auf die Übersichten S. 11–12 und S. 27
4. Danach wird entweder A8 oder (zur Wiederholung des Perfekts der aufgelisteten Verben im Plenum) Aufgabe 2 auf dem Arbeitsblatt gelöst.
5. Die interessantesten Informationen werden im Plenum vorgestellt.

Grammatikübungen zu den Vergangenheitsformen: C6–9

A9

1. KT bilden die Fragen in Partnerarbeit und beantworten sie wechselseitig.
2. KL stellt die Fragen noch einmal im Plenum. Eine/Ein KT beantwortet die Frage positiv, eine/ein KT negativ. KT können so herausfinden, ob eine Tätigkeit überhaupt nicht ausgeübt wurde.
3. KL schreibt die Anzahl der KT, die eine positive Antwort auf die Frage gegeben haben, an die Tafel.
4. Es wird sicherlich einige Erfahrungen geben, die nur sehr wenige KT haben. Zum Schluss könnten diese im Plenum ausführlicher besprochen werden.

A10

1. KT beantworten die Fragen über ihre Schulzeit am besten als Hausaufgabe (z. B. in einer E-Mail, die KL vor dem Unterricht korrigiert).
2. KT berichten im Plenum oder in Zweiergruppen über ihre Schulzeit: KT lesen sich die E-Mail gegenseitig vor oder erzählen frei.
3. Einige Fragen bieten wahrscheinlich einen guten Sprechanlass für ein Gespräch im Plenum (Lieblingsfächer, gute Lehrer, Prüfungsangst). Um das Gespräch zu starten, kann KL beispielsweise folgende Fragen stellen: *Interessieren Sie sich heute noch für Ihre Lieblingsfächer? Was macht einen guten Unterricht aus? Wie ist eine gute Lehrerin/ein guter Lehrer? Was kann man gegen Prüfungsangst tun?*

A11 a: KT hören die Berichte über die Schulzeit zunächst bei geschlossenem Buch. KT notieren sich einige Fakten und tauschen ihre Informationen mit anderen in Kleingruppenarbeit aus. Anschließend hören die KT die Berichte ein zweites Mal und ergänzen die Informationen.
b: KT ergänzen den Lückentext in Einzelarbeit und vergleichen in Kleingruppen ihre Lösungen.

A12–14
1. KT sehen sich die Grafik zum deutschen Schulsystem an und lösen dann A13. KL beantwortet eventuelle Fragen dazu.
2. KT berichten über das Schulsystem in ihrem Land und suchen nach Gemeinsamkeiten und Unterschieden (im Plenum oder in Kleingruppen, deren Mitglieder aus unterschiedlichen Ländern kommen).

A15 Wortschatzerweiterung zum Thema *Schulzeit*: s. Anweisungen im Buch (Plenum oder Hausaufgabe)

A16–18 Thema *Lebensläufe*: s. Anweisungen im Buch (Plenum)
Die Bearbeitung der Teile 16b, 17b und 18 erfolgt in Partnerarbeit mit anschließender Ergebnispräsentation im Plenum.

A19 Vorbereitung: KT schreiben ihren eigenen Lebenslauf als Hausaufgabe auf ein Blatt Papier. KL sollte die Texte vor dem Unterricht korrigieren (z. B. per E-Mail).
1. KT bilden Zweiergruppen und tauschen ihre Lebensläufe aus.
2. KT lesen den Text der Gesprächspartnerin/des Gesprächspartners. Wenn KT auf eine interessante Angabe stoßen, stellen sie dazu weitere Fragen.
3. Im Plenum werden die interessantesten Informationen vorgestellt.

Variante:
1. KT legen ihre Texte auf einen freien Tisch.
2. Danach lesen sie einige oder alle Lebensläufe durch und stellen sich (in ständig neuen Zweier- oder Dreiergruppen) Fragen über die gelesenen Informationen.
3. Am Ende berichten KT über die zusätzlichen Informationen, die sie im Laufe der Gespräche erfahren haben. Vorsicht! In einer Gruppe mit großen Unterschieden im Bildungsniveau ist diese Aufgabe nicht geeignet. In diesem Fall könnte jede/jeder über einen (interessanten) Abschnitt ihres/seines Lebens berichten.

Mögliche weiterführende Übung:
KL schreibt eine Jahreszahl an die Tafel und berichtet kurz darüber, wo sie/er in diesem Jahr war und was sie/er dort gemacht hat. KT tun der Reihe nach das Gleiche.

Arbeitsblatt 3: Auf einer Party

Wortschatz: Vorstellung, Angaben zur Person, Schule und Studium
Grammatik: Konjugation im Präsens und im Perfekt, Frage- und Aussagesätze, Kasus

Das ist eine längere, aber äußerst effiziente und vergnügliche Übung, mit der zahlreiche Fragen und Angaben zur Person (inkl. Schule und Studium) wiederholt werden können.
1. KL teilt die Arbeitsblätter aus (jede/jeder KT bekommt eins, insgesamt gibt es 12 verschiedene Rollen A–L) und erklärt die Aufgabe: Wir sind auf einer Party und führen Smalltalk. Die Beschreibung unserer neuen Identität ist auf dem Arbeitsblatt zu lesen. Dort stehen auch einige Fragen, auf die wir die Antwort finden müssen.
2. KT stehen auf, bewegen sich frei im Raum, führen längere Gespräche und stellen sich ihre Fragen (möglicherweise mit leiser Musik im Hintergrund). Die Antworten werden auf das Arbeitsblatt geschrieben. (Es ist wichtig, dass sich alle KT miteinander austauschen, denn manchmal gibt es Überraschungen!)
3. Zum Schluss werden die Antworten im Plenum vorgestellt.

(Die Autorinnen danken Viktor Götz für die Idee zu diesem Arbeitsblatt.)

A20
1. KL und KT lesen gemeinsam die Beispielsätze.
2. KL erläutert die Funktion der reflexiven Verben. Das Konzept der reflexiven Verben ist in vielen Sprachen bekannt. KL sollte hervorheben, dass das Perfekt dieser Verben mit *haben* gebildet wird.
3. KL spricht die Konjugationstabelle vor, KT sprechen sie ihr/ihm nach (möglichst rhythmisch, denn das hilft beim Einprägen). Danach spricht KL die Verben ohne Reflexivpronomen vor, KT ergänzen sie.
4. Zum Schluss sprechen KT die ganze Tabelle ohne KL.

A21–22 und Arbeitsblatt 4: Reflexive Verben 1

Wortschatz: Reflexive Verben
Grammatik: Reflexivpronomen im Präsens und im Perfekt

Vorbereitung: KL fotokopiert die Seite in zwei (bei mehr als 14 KT in drei) Exemplaren, schneidet die Kärtchen aus und macht zwei Kartensätze.

1. KT bearbeiten A21a und b im Plenum.
2. KL zeigt eine Karte, KT nennen die Tätigkeit.
3. KT bilden (je nach Teilnehmerzahl) zwei oder drei Gruppen. Jede Gruppe bekommt einen Kartensatz. KT 1 wählt eine Karte, KT 2 bildet einen einfachen Satz zu der abgebildeten Tätigkeit (z. B.: *Klaus wäscht sich. Ich ziehe mich an.*). KL kann vorgeben, in welcher Person der Satz gebildet werden soll. (z. B. Satz 1: *ich*, Satz 2: *du*, Satz 3: *er*). KT korrigieren sich mithilfe der Konjugationstabelle selbst.

Zum Einprägen der Wortstellung eignet sich nach A21a oder b folgende Übung:

1. KL liest Satz 1 aus A21 vor, KT sprechen ihn nach.
2. Danach erweitert KL den Satz in jeder Runde mit einem Element, KT sprechen alles nach. (z. B.: *Sabine schminkt sich.* Dann: *Sabine schminkt sich um 9 Uhr.* Der längste Satz könnte lauten: *Sabine, meine Schwester, schminkt sich morgens früh um 9 Uhr vor dem Spiegel ihres Badezimmers.*)
3. KT bilden in Zweiergruppen weitere lange Sätze zu einem frei gewählten Bild.
4. Die Sätze werden im Plenum vorgelesen und, wenn nötig, korrigiert.
5. Danach wird A22 im Plenum gelöst.

Grammatikübungen zu den reflexiven Verben: C10–11

Arbeitsblatt 5: Reflexive Verben 2

Wortschatz: Reflexive Verben des Kapitels
Grammatik: Konjugation der reflexiven Verben in unterschiedlichen Modi und Tempora

Vorbereitung: KL macht kleine Kärtchen.

1. KL teilt die Kärtchen aus, jede/jeder kann mehrere davon bekommen. Auf jedem Kärtchen steht ein reflexives Verb.
2. KT spielen die Tätigkeit im Plenum nach, die Gruppe rät sie.
3. KT bilden mit dem Verb auf ihrer Karte nach den Anweisungen von KL Sätze, z. B. Frage- und Aussagesätze im Präsens, Präteritum, Perfekt oder Imperativsätze, Ratschläge usw. Nach jedem Satz wird die eigene Karte an die Nachbarin/den Nachbarn weitergegeben.

Variante (für lernstarke Gruppen):
KT arbeiten in Kleingruppen und schreiben eine Geschichte, in die sie möglichst viele reflexive Verben einbauen.

A23 Phonetik (Der Wortakzent bei Verben): s. Anweisungen im Buch (Plenum)

A24 KT hören Kathrins Tagesablauf und schreiben als Hausaufgabe ihren eigenen Tagesablauf: s. Anweisungen im Buch (Plenum und Einzelarbeit).

Variante zur Bearbeitung des Lesetextes:
Vorbereitung: KL fotokopiert Kathrins Tagesablauf (möglichst in DIN A3-Format) und legt ihn auf einen freien Tisch.

1. KT bilden Kleingruppen und wählen eine Person, die den Text zuerst lesen darf.
2. Die gewählten Personen aus allen Gruppen gehen zum Tisch und lesen den Tagesablauf. Sie haben eine Minute Zeit, um sich möglichst viele Informationen einzuprägen. Wenn die Minute abgelaufen ist, kehren sie zu ihrer Gruppe zurück und geben die Informationen weiter. Der Rest der Gruppe macht sich Notizen.
3. Danach liest Person 2 den Text, sie hat dafür ebenfalls eine Minute. Danach geht sie zu ihrer Gruppe zurück und gibt die zusätzlichen Informationen weiter.

4. KL spielt den Hörtext vor (auch wenn die Gruppen aus mehr als zwei KT bestehen). Das ist die letzte Möglichkeit, sich die fehlenden Informationen zu notieren.
5. KT erzählen Kathrins Tagesablauf mithilfe ihrer Notizen nach.
6. Der Text wird noch einmal angehört und gleichzeitig gelesen.

Arbeitsblatt 6: Kathrins Tagesablauf

Wortschatz: Tagesablauf
Grammatik: Konjugation im Perfekt und im Präsens, der Konjunktor *aber*

Möglichkeit 1
Wenn Sie den Anweisungen im Buch gefolgt sind:

1. KL teilt die Arbeitsblätter mit Kathrins gestrigem Tagesablauf aus.
2. KT arbeiten in Zweiergruppen. KT 1 hat das Buch Seite 20 vor sich geöffnet, KT 2 bekommt das Arbeitsblatt. Die zwei Tagesabläufe sind zwar ähnlich, aber nicht ganz gleich: Die Aufgabe ist, die Unterschiede zu finden.
3. KT 1 und KT 2 erzählen die Tagesabläufe nach, wobei jeder nur den eigenen Text sieht. Anschließend notieren sie sich die Unterschiede.
4. Die Unterschiede werden im Plenum vorgestellt.

Möglichkeit 2
Wenn Sie die als Variante vorgeschlagene Aufgabe zu A24 durchgeführt haben:

1. Man kann davon ausgehen, dass KT sich Kathrins Tagesablauf gut eingeprägt haben. KT bekommen das Arbeitsblatt und versuchen, alle Unterschiede zwischen diesem und dem in A24 vorgestellten Tagesablauf zu finden – ohne dabei ins Kursbuch zu schauen.
2. Die Lösungen werden mit dem Buch im Plenum überprüft.

Mögliche weiterführende Übung: Ratespiel
Einige KT spielen typische Arbeitsvorgänge aus ihrem eigenen Beruf vor, die anderen beschreiben diese mündlich (gleichzeitig oder nachher). Es können auch Arbeitstätigkeiten anderer Berufe nachgespielt werden. In diesem Fall raten KT den Beruf und beschreiben die vorgespielten Tätigkeiten.

Einführung des Genitivs

1. KL schreibt die Genitivkonstruktionen aus A24 an die Tafel *(das Büro unseres Abteilungsleiters, das Brot meiner Kollegin, Kathrins Tagesablauf)* und bittet KT, die Endungen für die Geschlechter anzugeben.
2. Die Tabelle im Buch wird gelesen.
3. Zur Wiederholung des kompletten Kasussystems s. Übersicht auf S. 31 und Arbeitsblatt 8.
KL kann KT darauf aufmerksam machen, dass der Unterschied zwischen dem Gebrauch des Genitivs und *von + Dativ*-Konstruktionen ein stilistischer ist.

A25 Übung zum Genitiv: s. Anweisungen im Buch (Einzelarbeit oder Plenum)

Grammatikübersicht und Übungen zur Nomengruppe: C12–15 und zum Genitiv: C16, Arbeitsblatt 8

Arbeitsblatt 7: Wessen Gegenstände sind das?

Wortschatz: Gebrauchsgegenstände, einige Haustiere
Grammatik: Genitiv

1. KL teilt die Arbeitsblätter aus und erklärt die Aufgabe.
2. KT bilden im Plenum mit den vorgegebenen Wörtern Genitivkonstruktionen.

Variante nach Schritt 1:
Alle abgebildeten Gegenstände und Tiere werden im Plenum genannt. KT arbeiten in Zweiergruppen und spielen kurze Dialoge, z. B.: *Wessen Koffer ist das? – Das ist der Koffer deiner Kollegin.* Sie korrigieren sich gegenseitig mithilfe der Grammatikübersicht zum Genitiv auf Seite 31.

Arbeitsblatt 8: Grammatik- und Wortschatztraining

Grammatik- und Wortschatzübungen zum Kasussystem
(nach A25 einsetzbar)

1. Aufgabe 1: KT füllen die Grammatiktabelle zum Kasussystem aus.
2. Aufgabe 2: KL teilt fünf leere Kärtchen aus, KT wählen fünf Verben aus und schreiben mithilfe der Vorgaben auf jedes Kärtchen einen Satz über sich (im Präsens oder im Präteritum).
3. KL sammelt die Kärtchen ein und KT bilden Kleingruppen.
4. Wettbewerb: Die Karten werden wieder verteilt, jede Kleingruppe bekommt die gleiche Anzahl davon. Die Aufgabe ist, die grammatikalisch falschen Sätze zu korrigieren.
5. Die Kleingruppen korrigieren die ihrer Meinung nach fehlerhaften Sätze und lesen anschließend alle Sätze im Plenum vor. Die Gruppe mit den meisten richtigen Sätzen gewinnt.
6. Zum Schluss kann im Plenum eine kurze Diskussion über die interessantesten Informationen auf den Karten stattfinden.

Variante nach Schritt 2:

3. KL sammelt die Karten ein und teilt sie wieder aus. KT korrigieren ggf. die Grammatikfehler auf den Kärtchen, KL hilft ihnen dabei.
4. KT bewegen sich frei im Raum, stellen sich Fragen und versuchen die Person zu finden, die den Satz geschrieben hat. Über die interessantesten Informationen können KT ein kurzes Gespräch führen und anschließend im Plenum darüber berichten.

(Das Arbeitsblatt eignet sich auch als Hausaufgabe.)

Arbeitsblatt 9: Wiederholungstest

Der Test gibt KT Gelegenheit, sich zu überprüfen und eventuelle Fragen zu klären.

Arbeitsblatt 10: Prüfungsvorbereitung

Zusammenfassende Übung und Vorbereitung auf die Prüfung *Goethe-Zertifikat A2: Sprechen Teil 1*
s. Anweisungen auf dem Arbeitsblatt und im Anhang des Lehrbuches.

B *fakultativ:* s. Hinweise S. 5

D s. Hinweise S. 5

2 Hobbys und Freizeit

Im Phonetikteil dieses Kapitels stehen die Komposita und der *e*-Laut im Vordergrund. Bei der Korrektur der Aussprache sollte KL auf diese Aspekte besonders achten.

A1–2 Vorbereitung: KL kann zuerst über die eigenen Hobbys berichten und dann im Plenum z. B. folgende Fragen stellen: *Haben Sie ein Hobby? Was machen Sie in Ihrer Freizeit?* KT beantworten der Reihe nach die Fragen.

1. A1 wird im Plenum oder in Kleingruppen gelöst.
2. KT bilden Zweiergruppen. Sie entscheiden, welches Hobby sie beide besonders schön finden und sammeln einige Argumente dafür. (Mögliche Gesichtspunkte: *Was kostet dieses Hobby? Schadet es der Umwelt? Ist es eine interaktive oder einsame Tätigkeit? Hat man dadurch einen Kontakt zur Natur/zu anderen Menschen? Ist das Hobby kreativ?* usw.)
3. Die Kleingruppen bringen ihre Argumente vor. Die ganze Gruppe entscheidet, welches Hobby sie am schönsten findet.
4. KL kann danach auch folgende Frage stellen: *Kennen Sie Menschen mit einem interessanten Hobby?*
5. A2 wird in Partnerarbeit gelöst mit anschließender Ergebnispräsentation im Plenum.

(Wenn jemand ein interessantes/kreatives Hobby hat oder etwas sammelt, kann sie/er in die nächste Unterrichtsstunde ein besonderes eigenes Kunstwerk [Foto, Gemälde, Zeichnung] oder ein Stück aus ihrer/seiner Sammlung mitbringen.)

A3
1. KT notieren ihre Freizeitaktivitäten.
2. Danach vergleichen sie ihre Antworten (entweder zu zweit oder mit mehreren KT) und suchen dabei nach Gemeinsamkeiten.
3. Die Ergebnisse werden im Plenum besprochen.

Arbeitsblatt 1: Wie verbringen Sie Ihre Freizeit?

Wortschatz: Freizeitgestaltung, Uhrzeit
Grammatik: temporale Präpositionen, Konjugation, Satzbau

1. Das Arbeitsblatt ist ein Fragebogen über Freizeitbeschäftigungen.
2. KT diskutieren in Zweiergruppen und kreuzen die Antworten der Partnerin/des Partners auf dem eigenen Arbeitsblatt an.
3. KT stellen zu zweit ein eintägiges Freizeitprogramm zusammen (z. B. in der Heimatstadt, in der Stadt, wo der Deutschkurs stattfindet). Viele Zeitangaben können wiederholt werden, indem KT auch die Uhrzeiten angeben.
4. Das Freizeitprogramm wird im Plenum mit kurzer Begründung vorgestellt.

A4–5
1. KT beschreiben in Zweiergruppen die Grafik mithilfe der vorgegebenen Redemittel und ziehen Vergleiche zu ihren Angaben in A3. Im Plenum werden die wichtigsten Gemeinsamkeiten und Unterschiede beschrieben.
2. Anschließend ergänzen KT den Lückentext in A5 und vergleichen ihre Ergebnisse mit ein oder zwei anderen KT.
3. Zum Schluss wird der Text zur Kontrolle gehört.

A6
Phonetik (Komposita): s. Anweisungen im Buch (Plenum)
KT können weitere zusammengesetzte Wörter aus *Begegnungen A1+* oder aus Kapitel 1 dieses Bandes sammeln.

A7
Anhand der Vorgaben auf den Karten berichten KT in Partnerarbeit jeweils über ein Thema. Eine ähnliche Aufgabe gibt es auch im mündlichen Teil der Prüfung *Goethe-Zertifikat A2*.

A8–9
1. Zur Wiederholung der Modalverben beantworten KT die Fragen in Kleingruppen.
2. Anschließend stellt KL den verschiedenen Gruppen ein bis zwei Fragen zur Beantwortung im Plenum. KL geht auf die Bedeutung der Modalverben ein, eventuell gemeinsam mit Aufgabe 9b).
3. Das Ausfüllen der Tabelle kann im Plenum erfolgen. KL weist auf die besonderen Formen im Singular hin.

Grammatikübersicht und Übungen: C1–3

Arbeitsblatt 2: Was kann man …?

Wortschatz: Hotel, Reisen, Hausordnung (Themen aus *Begegnungen A1+*)
Grammatik: Bedeutung und Gebrauch der Modalverben im Präsens

1. KT arbeiten in Kleingruppen und ordnen den Situationen die Ausdrücke zu.
2. Danach sammeln sie weitere Ausdrücke zu zwei oder drei (frei gewählten oder von KT vorgegebenen) Situationen.

Die Aufgabe ist effizienter, wenn KT vorher als Hausaufgabe die Redemittel in *Begegnungen A1+*, Kapitel 3, 5, 6, 7 wiederholen.

Mögliche Überleitung zur Wiederholung des Präteritums der Modalverben:
1. KL bezieht sich auf A8 und stellt beispielsweise folgende Fragen: *Was hat sich verändert? Was durften/konnten/mussten … Sie früher (nicht) tun?*
2. KT formulieren einige Sätze im Plenum.
3. Danach wird das Präteritum der Modalverben mithilfe der Übersicht auf S. 55 im Plenum wiederholt.

Arbeitsblatt 3: Grammatik- und Wortschatztraining

Wiederholung des Präteritums der Modalverben

Variante zu Aufgabe 3 auf dem Arbeitsblatt:
1. KT schreiben mit jedem Modalverb einen Satz über ihre Kindheit. KL hilft, wenn nötig.
2. Es werden zwei Kreise, ein innerer und ein äußerer, gebildet. In jedem Kreis sollte die gleiche Anzahl Personen stehen. Die Einteilung der KT kann z. B. nach einem der folgenden, mit Familie und Kindheit verbundenen Kriterien erfolgen: Im äußeren Kreis stehen ganz junge KT/Einzelkinder/KT mit strengen Eltern, im inneren Kreis ältere KT/Kinder mit Geschwistern/KT mit liberalen Eltern.
3. Die gegenüberstehenden KT lesen sich ihre Sätze gegenseitig vor oder erzählen frei über ihre Kindheit und stellen einander Fragen. Nach einigen Minuten gehen sie zur nächsten Gesprächspartnerin/zum nächsten Gesprächspartner weiter.
4. Nachdem jede/jeder mit mindestens drei KT gesprochen hat, werden die Erfahrungen z. B. folgendermaßen ausgewertet: Je vier bis fünf KT aus dem inneren Kreis bilden eine Gruppe und vergleichen, was sie von den im äußeren Kreis stehenden KT gehört haben. Sie notieren sich die Gemeinsamkeiten. KT aus dem äußeren Kreis tun das Gleiche.
5. Im Plenum wird über die Gemeinsamkeiten berichtet.
6. Zum Schluss kann man die eigenen Erfahrungen mit denen heutiger/eigener Kinder vergleichen.

A10 Diese Übung dient zur Überleitung zum Thema *Musik*.
- a: KT ergänzen in Partnerarbeit die Modalverben.
- b: KT lesen den Dialog zweimal, s. Anweisungen im Buch.

A11 KT sprechen in Kleingruppen über Musikinstrumente. Die wichtigsten bzw. interessantesten Informationen werden im Plenum zusammengefasst.
Weiterführende Idee:
KL kann verschiedene Musikstücke abspielen und die KT erraten die Instrumente.

A12
- a: In einem Klassenspaziergang stellen KT zwei anderen KT die aufgeführten Fragen und machen sich Notizen.
- b: Die Informationen werden im Plenum zusammengefasst. KL kann an dieser Stelle nachfragen und eine kurze Diskussion beginnen, z. B.: *Wie viele der KT mögen/Wer mag Opern? Warum? Warum nicht?*

A13–15
1. Eine schöne Einleitung zu diesem Teil ist natürlich ein kurzer Ausschnitt aus einem Musikstück von Mozart (*Eine kleine Nachtmusik, Jupiter-Sinfonie, Die Zauberflöte* o. ä.).
2. Danach kann KL eine Assoziationsübung machen: *Was fällt Ihnen bei dem Namen Mozart ein? (z. B. Schokoladenkugeln, Österreich, Zauberflöte*) KL notiert an der Tafel die genannten Wörter.
3. KT hören den Text über Mozart zunächst bei geschlossenem Buch. Sie notieren sich einige Fakten und tragen diese im Plenum vor. KL visualisiert die Informationen für alle.
4. KT lesen den Text und ergänzen die Verben im Präteritum.
5. Im Anschluss wird A14 in Einzel- oder Partnerarbeit gelöst und im Plenum besprochen. Die bereits nach dem Hören gesammelten Informationen werden vervollständigt.
6. Zum Schluss dieser Sequenz lösen KT A15 in Partnerarbeit. KL lässt die Lösung von einer/einem KT laut vorlesen und korrigiert, wenn nötig.

Tabelle zum Präteritum
1. KL erklärt den Gebrauch des Präteritums (vor allem schriftlich, z. B. in Romanen, Zeitungsartikeln, Berichten und bei den Hilfs- und Modalverben).
2. KL bittet KT, die Regeln zur Bildung des Präteritums selbst zu formulieren.

A16–17 Üben des Präteritums: s. Anweisungen im Buch (Partner- oder Einzelarbeit mit anschließender Ergebnispräsentation)

Grammatikübersicht und Übungen zum Präteritum: C7–13

Arbeitsblatt 4: Mozarts Geburtshaus

Wortschatz: Museums- und Wohnungsbeschreibung, Öffnungszeiten
Grammatik: Präteritum, Frage- und Aussagesätze

1. Vor dem Beginn der Partnerarbeit sollte im Plenum das Datum wiederholt werden.
2. KT arbeiten zu zweit: KT 1 bekommt Arbeitsblatt A und KT 2 Arbeitsblatt B. Beide Arbeitsblätter enthalten Informationen über das Mozarthaus in Salzburg, aber nicht alle Informationen sind auf beiden Arbeitsblättern zu finden. Die Aufgabe ist, sich nur die vom Gesprächspartner gehörten Zusatzinformationen zu notieren.
3. KT geben den Inhalt des eigenen Textes wieder (ohne dem Gesprächspartner den Text zu zeigen) und notieren sich die neuen Informationen.
4. Im Plenum stellt eine/ein KT das Mozarthaus möglichst ausführlich vor.

Mögliche weiterführende Dialogübung: KT „kaufen sich" Eintrittskarten für das Mozarthaus.

A18 Diese Aufgabe eignet sich als schriftliche Hausaufgabe. In lernstarken Gruppen können KT auf deutschsprachigen Webseiten nach Informationen über die gewählte Musikerin/den gewählten Musiker suchen.

Variante:
Pressekonferenz mit einer/einem berühmten Musiker/in, Sänger/in, Gitarristin/Gitarristen, Pianistin/Pianisten, Komponistin/Komponisten …

1. KT 1 setzt sich in die Mitte des Klassenraums und stellt eine berühmte Musikerin/einen berühmten Musiker vor. Sie/Er beantwortet die Fragen der Journalistinnen und Journalisten (d. h. der anderen KT).
2. Die anderen KT stellen Fragen über Leben und Karriere der Musikerin/des Musikers. KT 1 beantwortet sie. (Manchmal muss sie/er sicherlich improvisieren.)
3. Die Journalisten notieren sich die Antworten und schreiben zum Schluss einen kurzen Text über die Musikerin/den Musiker.

Arbeitsblatt 5: Quiz

Wortschatz: Tätigkeiten
Grammatik: Präteritum

1. KL teilt die Arbeitsblätter aus: Das Arbeitsblatt ist ein Quiz über berühmte Menschen.
2. KT arbeiten einzeln und kreuzen nur die Antworten an, bei denen sie sicher sind.
3. Danach diskutieren die KT darüber und versuchen zusammen, die richtigen Antworten für alle Fragen zu finden. Die Gespräche gehen so lange, bis jede/jeder KT auf alle Fragen eine Antwort hat.
4. Die Lösungen werden im Plenum kontrolliert.

A19 Mehrfachwahlaufgabe zum Thema *Freizeitgestaltung* (Plenum)
Eine ähnliche Aufgabe enthält auch die Prüfung *Goethe-Zertifikat A2, Lesen Teil 4*.

A20
1. KT bilden Kleingruppen und üben kurze Dialoge zu zwei gewählten Situationen ein: Sie sollen sich nach Öffnungszeiten und Preisen erkundigen. (Der Anrufer sieht die Informationen natürlich nicht!)
2. Im Plenum wird zu jeder Situation ein Dialog vorgestellt.

(Manchmal müssen KT improvisieren, da nicht alle Antworten im Buch stehen.)

A21 a:
1. KT hören die Mitteilungen einmal und lösen die Aufgabe.
2. Danach vergleichen sie ihre Ergebnisse mit der Nachbarin/dem Nachbarn.
3. Zum Schluss werden die Texte zur Kontrolle ein zweites Mal gehört.

Eine ähnliche Aufgabe enthält auch die Prüfung *Goethe-Zertifikat A2, Hören Teil 1*.
b: Die Aufgabe wird in Einzelarbeit mit Ergebnispräsentation im Plenum gelöst.

A22 Phonetik *(-e)*: s. Anweisungen im Buch (Plenum)

A23 KT füllen den Fragebogen zum Thema *Fotografieren* in Kleingruppen aus: s. auch Anweisungen im Buch. KT können in die nächste Unterrichtsstunde eigene Fotos mitbringen und darüber berichten.

A24 Übersicht Negation
KL erläutert die Tabelle zum Gebrauch von *nicht* und *kein* oder lässt KT es tun. Anschließend wird A24 gelöst.

Grammatikübersicht und Übungen zur Negation: C14–18

A25 Kleingruppendiskussion über Kino und Filme: s. Anweisungen im Buch

Arbeitsblatt 6: Welche Wörter fehlen?

Wortschatz: Inhaltsbeschreibungen zu Filmen (A27)
Grammatik: kein besonderer Schwerpunkt

1. KL teilt die Arbeitsblätter mit dem Lückentext aus und verteilt alle Kärtchen so, dass jede/r KT mindestens ein Kärtchen bekommt.
2. KT lesen die Inhaltsbeschreibungen der Filme (unbekannte Wörter werden erklärt) und schreiben ihr Wort/ihre Wörter in die passende Lücke.
3. Danach stehen sie auf, sprechen mit anderen KT und ergänzen im Anschluss alle fehlenden Wörter.
4. Die Lösungen werden mit A26 kontrolliert.

A26–28
1. Wenn Arbeitsblatt 6 nicht eingesetzt wurde, lesen fünf KT die Filmbeschreibungen in A26 laut vor. Eventuelle Verständnisprobleme werden im Plenum geklärt.
2. Die Kurzwiedergabe der Filminhalte in A27 und die Aufgabe zum Leseverstehen in A28 erfolgt in Einzel- oder Partnerarbeit mit Ergebnispräsentation.

A29
1. KT suchen für sich selbst und für die Nachbarin/den Nachbarn anhand des Gesprächs in A25 einen Film aus.
2. KT, die sich für denselben Film entschieden haben, bilden eine Kleingruppe und machen im Plenum Werbung für den gewählten Film.
3. Wenn KT andere deutschsprachige Filme kennen und mögen, sollte ihnen die Möglichkeit gegeben werden, kurz darüber zu berichten (ggf. teils in der Muttersprache).

Arbeitsblatt 7: Ich habe einen guten Film gesehen …

Wortschatz: kein besonderer Schwerpunkt
Grammatik: Präteritum, Perfekt

1. KL teilt die Arbeitsblätter aus und erklärt die Aufgabe: Das Arbeitsblatt enthält die Geschichte eines Films, aber das Ende fehlt.
2. KT ergänzen die Geschichte zuerst im Präteritum, dann im Perfekt und finden ein mögliches Ende des Films. (Lösung: *Nach dem Tod des Engländers verkaufte der Inder den Brief und wurde reich.*)

Variante:
1. KL schreibt einige Stichwörter aus der Geschichte an die Tafel *(ein armer Inder, ein reicher und berühmter Engländer, ein Brief, jemand stirbt, jemand wird reich).*
2. KT stellen KL Entscheidungsfragen (im Perfekt) und rekonstruieren auf diese Weise die Geschichte.
3. Ein/e KT erzählt die Geschichte im Plenum nach.
4. Danach werden die Verben in Aufgabe 1 ergänzt.

A30 Kino-Wortschatz: s. Anweisungen im Buch (Einzelarbeit oder Plenum)

A31–32 Sich zu einem Kinobesuch verabreden: s. Anweisungen im Buch (Partnerarbeit)
A32 ist interessanter, wenn man sich (statt fiktive Zeitpunkte und Titel zu verwenden) zu einem Film, der tatsächlich läuft, verabredet.

A33 Der Bericht über das Wochenende kann mündlich/und oder schriftlich erfolgen.
Für den mündlichen Bericht könnte man eine Vorbereitungszeit von fünf Minuten vereinbaren. KT berichten in Kleingruppen. Die/Der Berichtende kann im Anschluss von anderen KT befragt werden, dann ist die/der Nächste an der Reihe.

Arbeitsblatt 8: In diesem Alter … (nach A20 jederzeit einsetzbar)

Wortschatz: Alltagstätigkeiten in verschiedenen Lebensabschnitten
Grammatik: Zeitformen, Modalverben im Präteritum

Vorbereitung: KL fotokopiert für jede Dreier- oder Vierergruppe ein vergrößertes Exemplar des Arbeitsblattes, das als Spielbrett benutzt wird.

1. KT bilden Dreier- oder Vierergruppen, jede Kleingruppe bekommt ein Spielbrett und eine Münze/Spielfigur.
2. Die Zahlen auf dem Blatt weisen auf das Alter von KT (von 1 bis 100 Jahren) hin. KT sollen würfeln und sagen, was sie in einem bestimmten Alter gemacht haben, machen oder machen möchten. Jemand, der eine Zwei würfelt, kann z. B. sagen: *Mit zwei Jahren bin ich noch nicht in den Kindergarten gegangen/konnte ich noch nicht lesen.*
3. Die Zahlen addieren sich im Laufe des Spiels. Da jede Gruppe nur eine Münze/Spielfigur hat, setzt jede/jeder KT das Spiel von dem Kästchen aus fort, wo die letzte Spielerin/der letzte Spieler aufgehört hat.
4. Das Spiel geht so lange, bis die Gruppe Kästchen 100 erreicht hat.
5. Die interessantesten Informationen werden im Plenum vorgestellt.

Arbeitsblatt 9: Wiederholungstest

Der Test gibt KT Gelegenheit, sich zu überprüfen und eventuelle Fragen zu klären.

Arbeitsblatt 10: Prüfungsvorbereitung

Zusammenfassende Übung und Vorbereitung auf die Prüfung *Goethe-Zertifikat A2, Sprechen, Teil 3*, s. Anweisungen auf dem Arbeitsblatt und im Anhang des Lehrbuches.

B *fakultativ:* s. Hinweise S. 5

D s. Hinweise S. 5

3 Geld und Konsum

Im Phonetikteil dieses Kapitels steht die Aussprache der Konsonanten *d, t, b, p, g, k* im Vordergrund. Bei der Korrektur sollte KL auf die Aussprache dieser Konsonanten besonders achten.

Vorkenntnisse aktivieren

Als Einleitung kann KL im Plenum z. B. folgende Fragen stellen: *Wofür geben Sie (nicht) gerne Geld aus? Was kostet Ihrer Meinung nach zu viel/zu wenig Geld?*

A1 Die Diskussion wird in Partnerarbeit (weiter)geführt, die Ergebnisse werden im Plenum diskutiert.

A2 a:
1. KL oder eine/ein KT liest den kurzen Einführungstext und die Wortvorgaben vor, Fragen zum Wortschatz werden geklärt.
2. KT arbeiten in Kleingruppen und ergänzen die Grafik mithilfe der Redemittel.
3. Die Kleingruppen vergleichen ihre Ergebnisse untereinander und sprechen über eventuelle Unterschiede.

b: Im Plenum diskutieren KT über Unterschiede und Gemeinsamkeiten bei ihren Ausgaben.
Weiterführende Übung zur Wortschatzwiederholung:
1. KT arbeiten in Kleingruppen oder einzeln und erstellen eine Liste der Dinge, die sie wöchentlich einkaufen.
2. Die Listen werden im Plenum präsentiert und, wenn nötig, ergänzt.

A3 KT diskutieren in Kleingruppen, die interessantesten Informationen werden im Plenum vorgestellt. Das Gespräch kann z. B. mit folgenden Fragen ergänzt werden: *Was haben Sie von Ihrem ersten Gehalt gekauft? Was haben Sie zuletzt für sich oder für jemand anderen gekauft?*

Variante: Kettenspiel
KL beginnt das Spiel mit der Aussage: *Ich kaufe im Supermarkt Brot.*
KT 2 wiederholt den Satz und fügt einen anderen hinzu: … *(Name) kauft im Supermarkt Brot. Ich kaufe im Internet Flugtickets.*
Zum Schluss erklärt KL kurz den Gebrauch der Präpositionen oder lässt KT die Regeln finden (*bei + Dativ* benutzt man mit Personen, *in + Dativ* mit Gebäuden und *auf + Dativ* nur mit einigen Nomen wie Post, Bank, Bahnhof und Flughafen).

Arbeitsblatt 1: Was kann man hier kaufen?

Wortschatz: Produkte
Grammatik: Akkusativ, lokale Präpositionen

Vorbereitung: KL fotokopiert ein vergrößertes Exemplar des Arbeitsblattes, das in dieser Übung als Spielbrett benutzt wird.

1. KL legt das Spielbrett auf einen freien Tisch und erklärt die Aufgabe. In den Kästchen des Brettspiels sind die Namen für verschiedene Geschäfte zu sehen.
2. KT bilden Kleingruppen. Die Gruppen würfeln der Reihe nach und zählen fünf Produkte auf, die man in dem Geschäft, dessen Namen im Kästchen steht, kaufen kann.
3. Wenn eine Gruppe auf ein Kästchen kommt, auf dem eine andere Gruppe schon gestanden hat, darf sie die Wörter nicht wiederholen, sondern muss neue nennen.
4. Die Gruppe, die als erste das Ziel erreicht hat, gewinnt.

A4
1. Anhand einiger Beispiele definieren KT die Regel zur Wortstellung mit *weil*: Im Gegensatz zu *denn* steht das konjugierte Verb am Satzende. *Warum*-Fragen werden mit *weil* beantwortet.
2. Danach wird A5 im Plenum oder einzeln gelöst.

Grammatikübersicht und Übungen: C1–2

Arbeitsblatt 2: Warum mochten Sie …?

Wortschatz: Wiederholung zum Thema *Schule und Studium* (Kapitel 1)
Grammatik: *weil*-Sätze

Vorbereitung: KL macht kleine Kärtchen (bei mehr als acht KT sind zwei Kartensätze nötig). Zum Thema *Schule und Studium* haben KT in Kapitel 1 viele Vokabeln gelernt, einige davon werden hier wiederholt.

1. KT bekommen ein Kärtchen mit einer Frage über die Schul- oder Studienzeit.
2. Nach kurzer Vorbereitungszeit beantworten sie im Plenum die Frage. (Sie dürfen natürlich auch Dinge erfinden.)
3. Anschließend können KT noch einige der folgenden Fragen mit einem *weil*-Satz beantworten: *Warum mag ich … (diese Gruppe/die Hausaufgaben/die deutsche Sprache/das Kursbuch/meinen Nachbarn/diesen Klassenraum/meinen Deutschlehrer)?* Das kann lustig sein und schafft eine positive Arbeitsatmosphäre.

A5
1. Anhand der Beispiele formulieren KT die Regel zur Wortstellung mit *wenn*: Ähnlich wie nach der Subjunktion *weil* steht das konjugierte Verb auch hier am Satzende.
2. KT ergänzen die Sätze mit den Vorgaben/frei im Plenum.

Grammatikübersicht und Übungen: C3–4

Arbeitsblatt 3: Was machen Sie, wenn …?

Wortschatz: Tätigkeiten
Grammatik: Nebensätze mit *wenn*, Konjugation

1. KL teilt das Arbeitsblatt aus, liest die Sätze vor und klärt die unbekannten Wörter.
2. KT sammeln einige Ideen zu den Themen im Plenum (so steht ein Teil des nötigen Wortschatzes vor dem Gespräch bereits an der Tafel), dann beantworten sie die Fragen für sich in Einzelarbeit. KL hilft, wenn nötig.
2. KT tauschen sich in Partnerarbeit aus und notieren sich die Antworten des Gesprächspartners.
3. Die interessantesten/alle Informationen werden im Plenum vorgestellt.
4. Auf diese Aufgabe kann eine kurze Diskussion über Entspannungstechniken oder effiziente Lernmethoden folgen.

A6–7 Übungen zu *weil* und *wenn:* s. Anweisungen im Buch (Plenum)

Mögliche kurze weiterführende Übung:
1. KL und KT stehen auf und formen einen Kreis.
2. KL sagt einige Sätze, die mit *wenn* beginnen, z. B.: *Drehen Sie sich um, wenn … (Sie ein weißes Hemd tragen/größer als 1,70 m sind/gestern Obst gekauft haben.* KT drehen sich um, wenn die Aussage auf sie zutrifft.
3. Nach einigen Sätzen übernehmen KT der Reihe nach (oder je nachdem, wer einen Satz parat hat) die Rolle der/des KL. Wenn KT die Ideen ausgehen, sagt KL wieder einen Satz.

A8 Als Hausaufgabe für diese Stunde kann KL die KT bitten, die Redemittel aus *Begegnungen A1+*, Kapitel 6 (Kleidung kaufen, S. 166) zu wiederholen.
1. KT lesen und hören den Dialog, die unbekannten Wörter werden erklärt.
2. Mögliches Aussprache- und Gedächtnistraining: KL spielt den Dialog bei geschlossenem Buch noch einmal vor und stoppt den Hörtext nach jedem Satz. KT wiederholen der Reihe nach die Sätze. KL korrigiert die Aussprache, wo nötig. (KL kann die Intonation der Fragesätze an der Tafel veranschaulichen.)
3. Anschließend können KT im Plenum einige Regeln zur Aussprache bestimmter Buchstaben formulieren (z. B.: Das *-r* am Wortende hört man kaum, Artikel und Präpositionen sind unbetont.)

A9 Synonyme Wendungen im Text: s. Anweisungen im Buch (Plenum)
KL kann die Wendungen auf kleine Karten schreiben. KT finden die Gesprächspartnerin/den Gesprächspartner für A11 über die Karte mit dem Synonym.

A10
1. Zuerst sollte die Grammatikübersicht besprochen werden, denn sie ist für eine fehlerfreie Ausführung dieser Aufgabe sehr wichtig.
2. KT bilden Zweiergruppen, jede Gruppe übt einen Dialog ein.
3. Zu jeder Situation wird mindestens ein Dialog im Plenum vorgestellt.

A11 Übung zu den Demonstrativpronomen und Artikeln ohne Nomen: s. Anweisungen im Buch (Plenum)

Mögliche kurze weiterführende Übung zu den Demonstrativpronomen:
1. KT legen einige Gegenstände aus ihrer Tasche auf einen freien Tisch. Von möglichst vielen Gegenständen sollte mehr als einer auf dem Tisch liegen.
2. KT bleiben um den Tisch herum stehen und KL fragt z. B.: *Welcher Kugelschreiber ist rot? Mit welchem Gegenstand kann man schreiben?*
3. KT 1 beantwortet die Frage, indem sie/er den Gegenstand hochhält und z. B. sagt: *Dieser./Mit diesem.*
4. Anschließend stellt sie/er die nächste Frage. Das Spiel geht so lange, bis jede/jeder KT mindestens eine Frage gestellt und eine andere beantwortet hat.

Grammatikübersicht und Übung zu unbestimmten Artikeln ohne Nomen: C14

A12
1. KT lesen zuerst die Aufgaben 1–5.
2. KL liest die Übersicht zu den Abteilungen eines Kaufhauses laut vor.
3. KT finden in Partnerarbeit die richtige Etage für die gesuchten Produkte. Die Ergebnisse werden im Plenum überprüft.

Eine ähnliche Aufgabe enthält auch die Prüfung *Goethe-Zertifikat A2, Lesen Teil 2.*

A13
1. KT bilden Zweiergruppen, jede Gruppe sammelt Wörter zu einem der sechs Themen. Der Artikel sollte ggf. im Wörterbuch nachgeschlagen werden.
2. KL schreibt die Wörter an die Tafel, die Listen werden ergänzt, wenn nötig.
3. KL stellt z. B. folgende Fragen: *Womit kann man Ihnen eine Freude machen?* KT 1 beantwortet die Frage und stellt sie dann seiner Nachbarin/seinem Nachbarn. (Auf diese Weise erfährt man wieder ein bisschen mehr übereinander und der Dativ einiger Personalpronomen wird wiederholt. Außerdem kann man auf diese Informationen in der weiterführenden Übung zu A39 zurückgreifen.)

Grammatikübung zur Nomengruppe: C15

A14
a: KT hören die Gespräche und wählen die richtige Lösung. Sie vergleichen ihre Lösung mit einer/einem anderen KT und hören zum Schluss die Gespräche noch einmal. Eine ähnliche Aufgabe enthält auch die Prüfung *Goethe-Zertifikat A2, Hören Teil 3.*
b: KT hören das Gespräch und ergänzen die Wörter in Einzelarbeit.

A15
1. KL erklärt die Grammatikübersicht zu Verben mit Dativ und Akkusativ, s. auch S. 89.
2. KT bilden Sätze über die Personen.
3. KT begründen im Plenum kurz ihre Wahl. (So kann man die Wortstellung mit *weil* auf eine lustige Weise wiederholen.)

Grammatikübersicht und Übungen: C5–9, Arbeitsblatt 8

A16
In dieser Übung einigen sich KT zu zweit auf einen Termin.
1. KL erklärt die Aufgabe.
2. KT spielen die Dialoge und berichten im Plenum, auf welchen Termin sie sich einigen konnten.
3. Zwei KT-Paare spielen ihren Dialog im Plenum vor.

Eine ähnliche Aufgabe enthält auch die Prüfung *Goethe-Zertifikat A2, Sprechen Teil 3.*

A17
Phonetik: *d, t, b, p, g, k:* s. Anweisungen im Buch (Plenum)

A18
Kleingruppendiskussion über Einkaufen im Internet: s. Anweisungen im Buch

A19–20
Lesetext zum Thema *Konsumtrends*
1. KT hören den Text in A19 zuerst bei geschlossenem Buch und machen sich Notizen.
2. KL sammelt und visualisiert die Informationen.
3. KT lesen und hören den Text.
4. KL ergänzt an der Tafel weitere wichtige Informationen und beantwortet Fragen zum Wortschatz.
5. KT lösen nun zu zweit Aufgabe A20 und präsentieren ihre Ergebnisse im Plenum.

Eine ähnliche Aufgabe enthält auch die Prüfung *Goethe-Zertifikat A2, Lesen Teil 1.*

A21
Der Text in A19 enthält anspruchsvollen Wortschatz, der vertieft und geübt wird, s. Anweisungen im Buch.

A22
Das Thema *Konsumverhalten* wird mit einer Diskussion in Kleingruppen und anschließender Ergebnispräsentation im Plenum abgeschlossen.

Arbeitsblatt 4: Silbensalat

Wortschatz: Wörter des Kapitels bis A22
Grammatik: kein besonderer Schwerpunkt

1. KT bekommen das Arbeitsblatt und versuchen die Wörter zu rekonstruieren. Wenn sie Probleme haben, können KT sich gegenseitig helfen.
2. Die Lösungen werden im Plenum überprüft.

A23–25
Sowohl A23 als auch A24 enthalten relevanten Wortschatz zum Thema *Geld und Konto*. Beide Übungen werden in Partnerarbeit gelöst. Die Ergebnisse werden im Plenum besprochen.
Das Telefongespräch in A25 erfolgt ebenfalls in Zweiergruppen, zwei Gespräche werden im Plenum vorgetragen.
KL hält wichtige Redemittel an der Tafel fest.

A26–28 Wortschatz rund um die Bank: s. Anweisungen im Buch (Plenum und Partnerarbeit)
Wortschatzübung zum Thema: C16

A29–32 Thema *Lottomillionäre*: s. Anweisungen im Buch (Partnerarbeit und Plenum)
Der Lesetext in A30 kann wie folgt bearbeitet werden:
1. KT hören den Text zuerst bei geschlossenem Buch.
2. KL schreibt folgende Daten und Zahlen an die Tafel: Oktober 1955, 25 7914, 4 500 000, November 1955, 1 500
3. KT lesen Text und ergänzen im Plenum die Informationen zu den Daten und Zahlen.
4. KL ergänzt an der Tafel weitere wichtige Informationen und beantwortet Fragen zum Wortschatz.

A33
1. Die Regeln zur Bildung des Konjunktiv II werden im Plenum formuliert. Bei den Konditionalsätzen sollte ggf. hervorgehoben werden, dass das Verb sowohl im Hauptsatz als auch im Nebensatz im Konjunktiv II steht, denn das ist in vielen Sprachen nicht so.
2. Danach beenden KT die Satzanfänge (im Kurs oder als Hausaufgabe).
3. KT vergleichen ihre Antworten mit der Nachbarin/dem Nachbarn. (KL sollte die Sätze vorher möglichst korrigieren.)
4. Die interessantesten Antworten werden im Plenum vorgestellt.

Mögliche weiterführende Übung:
1. KL wählt drei Satzanfänge aus A33 für dieses Spiel aus.
2. KT 1 beendet den ersten Satz z. B. folgendermaßen: *Wenn ich reich wäre, hätte ich ein großes Haus.*
3. KT 2 setzt das Spiel fort, indem sie/er aus dem Hauptsatz einen Nebensatz bildet und diesen beendet: *Wenn ich ein großes Haus hätte, würde ich jeden Tag eine Party veranstalten.*
4. Das Spiel geht so lange, bis alle KT mindestens einen Konditionalsatz gebildet haben.

Grammatikübersicht und Übungen: C10–13

Arbeitsblatt 5: Was würden diese Leute gerne tun?

Wortschatz: Einfache Tätigkeiten
Grammatik: Konjunktiv II

1. KL teilt das Arbeitsblatt aus. KT bilden in Kleingruppen oder allein Sätze zu den Zeichnungen. Sie können entweder mehrere Sätze zu einer gewählten oder vom KL vorgegebenen Zeichnung formulieren oder einen Satz zu jeder Zeichnung bilden.
2. Die Antworten werden im Plenum vorgelesen. Zur Fehlerkorrektur kann man z. B. folgende Methode benutzen: Während die KT ihre Sätze vorlesen, achtet der Rest der Gruppe auf die Grammatikfehler. KT 1 und 2 achten auf die Wortfolge, KT 3 und 4 auf die Konjugation, KT 5 und 6 auf die Artikelendungen. Sie notieren sich die gehörten Fehler, die anschließend im Plenum korrigiert werden. (Die Rollen können nach jeder Runde neu verteilt werden.)

A34 Vorbereitungsfrage zum Lesetext „Millionär unbekannt!" (A35): s. Anweisungen im Buch (Plenum)
KT können ihre Vermutungen mit dem Modalverb *könnte* formulieren, da dieses schon in der Frage verwendet wird.

Arbeitsblatt 6: Lottomillionär unbekannt

Wortschatz: Lexik von A30
Grammatik: kein besonderer Schwerpunkt

Vorbereitung: KL schneidet sechs Karten aus. (Bei mehr als sechs Kursteilnehmern braucht man mindestens zwei Kartensätze.) Wenn die Teilnehmerzahl nicht durch sechs geteilt werden kann, kann KL die Karten als Arbeitsblatt ausgeben. In diesem Fall sollten KT die Absätze in Einzelarbeit in die richtige Reihenfolge bringen.
1. KL teilt die Kärtchen aus und sagt, dass sie Teile einer spannenden Geschichte über einen unbekannten Lottomillionär seien.
2. KT lesen ihren Textteil, KL erklärt ggf. unbekannte Wörter.
3. KT mit dem Textanfang (Karte 1) liest ihren/seinen Text vor.
4. KT hören gut zu, die Person mit der vermutlichen Fortsetzung (nur Karte 1 ist nummeriert), liest ihren Textteil vor.
5. Die Reihenfolge wird mit dem Buch oder dem Hörtext überprüft.

A35–38 Textarbeit zu „Lottomillionär unbekannt!“: s. Anweisungen im Buch (Plenum und Einzelarbeit). Der Lesetext in A35 kann wie der Lesetext in A19 bearbeitet werden.

A39 Wünsche und Träume: s. Anweisungen im Buch (Partnerarbeit). Die interessantesten Informationen werden im Plenum vorgestellt.

Mögliche weiterführende Übung:
Wenn KL in Übung A13 die Frage *Womit kann man Ihnen eine Freude machen?* schon gestellt hat, dann beginnt das Spiel mit Schritt 2.

1. KT beantworten die Frage *Womit kann man Ihnen eine Freude machen?* im Plenum.
2. KL fragt: *Was würden Sie Ihrer Nachbarin oder Ihrem Nachbarn schenken, wenn sie oder er heute Geburtstag hätte?*
3. KT 1 beantwortet die Frage z. B. mit dem folgenden Satz: *Wenn … heute Geburtstag hätte, würde ich ihr/ihm … schenken.* Anschließend stellt KT 1 die Fragen der Nachbarin/dem Nachbarn.

Arbeitsblatt 7: Satzbautraining

Lernziel: Wortschatz und Grammatik des Kapitels vertiefen

1. KT bilden Zweiergruppen: KT 1 hat Arbeitsblatt A, KT 2 hat Arbeitsblatt B. Aus dem ursprünglichen Satz werden mithilfe der Vorgaben neue Sätze gebildet.
2. KT 2 bildet in Teil A Sätze, KT 1 kontrolliert und korrigiert sie/ihn.
3. In Teil B werden die Rollen getauscht.

Arbeitsblatt 8: Grammatik- und Wortschatz

Grammatik- und Wortschatzübung zu den Verben mit Akkusativ und Dativ (nach A15 jederzeit einsetzbar)

Arbeitsblatt 9: Wiederholungstest

Der Test gibt KT Gelegenheit, sich zu überprüfen und eventuelle Fragen zu klären.

Arbeitsblatt 10: Prüfungsvorbereitung

Zusammenfassende Übung und Vorbereitung auf die Prüfung *Goethe-Zertifikat A2, Lesen Teil 4*, s. Anweisungen auf dem Arbeitsblatt und im Anhang des Lehrbuches

B *fakultativ:* s. Hinweise S. 5

D s. Hinweise S. 5

4 Arbeit und Beruf

Im Phonetikteil dieses Kapitels steht die Aussprache der Konsonanten *f, v, ph, w* im Vordergrund. Bei der Korrektur der Aussprache sollte KL auf diese Konsonanten besonders achten.

Vorkenntnisse aktivieren

Als Hausaufgabe für diese Stunde kann KL KT bitten, die Redemittel aus *Begegnungen A1⁺*, Kapitel 2 (S. 54) und Kapitel 5 (S. 137–138) zu wiederholen.
Als Einführung zum Thema kann KL z. B. folgende Fragen stellen: *Was haben Sie im Büro? Was sehen Sie in diesem Raum?* (Evtl. können KT nach dem Muster des Spiels *Ich packe meinen Koffer* eine Satzkette bauen.)

A1 a: KT lesen und hören die Redemittel.
Mögliche weiterführende Übung 1: Gedächtnisspiel
1. KT sehen sich das Bild 30 Sekunden lang an und versuchen, sich die Position der Gegenstände zu merken.
2. Dann sagt KL fünf bis zehn Sätze über das Bild. Anschließend müssen KT entscheiden, ob sie richtig oder falsch sind, z. B.: *Die Kaffeemaschine steht vor dem Fenster.* KT schreiben *R* für richtig, *F* für falsch.
3. Die Antworten werden im Plenum kontrolliert.

b: KT berichten in Partnerarbeit oder Kleingruppen über Bürogegenstände, die sie besitzen, die sie oft brauchen oder die sie nie benötigen.
Mögliche weiterführende Übung 2: Wörter ergänzen
1. KL schreibt die Anfangsbuchstaben für alle Gegenstände aus A1 an die Tafel.
2. KT bilden Kleingruppen und versuchen (bei geschlossenem Buch) die Wörter zu finden.

Arbeitsblatt 1: Im Büro

Wortschatz: Bürogegenstände, Arbeitstätigkeiten
Grammatik: *mit + Dativ*, Wortfolge

1. KT ergänzen die Bezeichnungen für die Bürogegenstände im Plenum. Einige Regeln zur Artikelbestimmung können hier wiederholt werden.
2. Eine/Ein KT schreibt die Artikel im Dativ an die Tafel, die Gruppe korrigiert, wenn nötig.
3. KT bilden Kleingruppen und formulieren mindestens einen Satz über jeden Gegenstand. *(z. B.: Mit dem Kugelschreiber kann man schreiben/schreibt man.)*
4. Die Sätze werden im Plenum korrigiert.

A2
1. Nachdem die unbekannten Wörter erklärt worden sind, diskutieren KT in Kleingruppen über ihre Alltagstätigkeiten.
2. Im Plenum bildet jede/jeder KT einen Satz über sich und einen anderen Satz über die Gesprächspartnerin/den Gesprächspartner. Die Aufgabe ist interessanter und effizienter, wenn KT denselben Ausdruck nicht zweimal verwenden dürfen.

A3 Die Übung eignet sich als Hausaufgabe. KT können sich eine Überschrift für ihren Aufsatz aussuchen, z. B.: *Mein langweiliges/wunderschönes/spannendes/interessantes/verrücktes Leben als … (Beruf).*

A4 a:
1. KT hören die Texte einmal und ergänzen die fehlenden Informationen.
2. Die Ergebnisse werden in Zweier- oder Dreiergruppen verglichen und ggf. ergänzt.
3. Dann werden die Texte ein zweites Mal abgespielt. Die Lösungen werden ggf. korrigiert.

b: KT wiederholen den Wortschatz, indem sie in Partnerarbeit die Lücken ergänzen. Die Ergebnispräsentation erfolgt im Plenum.

Arbeitsblatt 2: Welches Verb passt?

Wortschatz: Wörter aus Aufgaben A1–4
Grammatik: kein besonderer Schwerpunkt

1. KT ergänzen die fehlenden Verben in Einzelarbeit.
2. Die Lösungen werden im Plenum überprüft.
3. Anschließend können KT Kleingruppen bilden und ihre persönlichen Rekorde in einigen Themen vergleichen. Der Ausgangspunkt dafür kann die letzte Woche oder der gestrige Tag sein. (z. B.: *Letzte Woche/Gestern habe ich am längsten im Stau gestanden: vier Stunden. Letzte Woche/Gestern habe ich die wenigsten E-Mails geschrieben: gar keine …*) Auf diese Weise kann neben den Vergangenheitsformen auch der Komparativ kurz wiederholt werden.
4. Die Rekorde werden im Plenum noch einmal verglichen und die absoluten Rekordhalter gewählt.

A5–6 Wortschatzübungen rund um die Arbeit: s. Anweisungen im Buch (Plenum und Partnerarbeit)

A7–8
1. A7 (Wiederholung des Telefon-Wortschatzes) wird im Plenum gelöst.
2. Für Aufgabe A8 bilden KT Zweiergruppen. Bevor die Gruppen die Dialoge einüben, könnten sie ihre eigene Tagesplanung für die nächsten zwei Tage aufschreiben, dann wirkt das Gespräch echter.
3. KT üben die Dialoge ein und stellen sie dann im Plenum vor.

A9
KT schreiben die Sätze in Einzelarbeit. Danach geben sie ihre Lösungen einer/einem anderen KT zur Korrektur.

Mögliche weiterführende Übung:
KT 1 nennt ein wichtiges Datum aus ihrem/seinem Leben. Die anderen KT stellen ihr/ihm Entscheidungsfragen über das Ereignis, KT 1 beantwortet diese mit *Ja* oder *Nein*. Das Spiel geht so lange, bis KT herausgefunden haben, was zu dem genannten Zeitpunkt passiert ist.

Grammatikübersicht und Übungen zu den Zeitangaben: C1–4

Arbeitsblatt 3: Daten und Fakten

Wortschatz: Datum, Jahreszahlen
Grammatik: Zeitangaben, Wiederholung des Präteritums

1. KL teilt die Arbeitsblätter mit dem Quiz aus und erklärt, dass die Antworten auf alle Fragen in den Lesetexten des Kursbuchs stehen.
2. Wettbewerb: KT bilden Zweier- oder Dreiergruppen und versuchen, im Buch die Antworten zu finden. Wenn eine Gruppe fertig ist, müssen die anderen mit dem Suchen aufhören.
3. Aber die schnellste Gruppe hat das Spiel nicht automatisch gewonnen, denn man bekommt auch Punkte, wenn man die Daten auf dem Arbeitsblatt richtig ausspricht!
4. Eine Person aus Gruppe 1 liest Frage 1 und die dazugehörigen möglichen Antworten vor. Wenn sie/er alle Daten richtig ausspricht, dann bekommt ihre/seine Gruppe zwei Punkte. Für die richtige Antwort gibt es einen weiteren Punkt. Wenn aber jemand aus einer anderen Gruppe einen Fehler hört, darf sie/er die Leserin/den Leser unterbrechen, das Datum korrigieren und bekommt damit einen Punkt für das eigene Team.
5. Das Spiel geht so lange, bis alle Fragen beantwortet sind. Die Gruppe mit den meisten Punkten gewinnt.

Arbeitsblatt 4: Detektivspiel

Wortschatz: Tagesablauf, Arbeitstätigkeiten (aus Kapiteln 1 und 2)
Grammatik: Perfekt, temporale und lokale Präpositionen

1. KL erklärt die Situation: *Gestern wurde ein wichtiges Dokument aus dem Büro der Chefin/des Chefs gestohlen. Wir wissen, dass die Täterin oder der Täter in diesem Raum sitzt, aber wir wissen nicht, wer sie/er ist. Die Polizei muss deshalb alle Verdächtigen verhören.*
2. Danach bilden KT Kleingruppen (je sechs Personen), KL teilt die Karten aus. In jeder Gruppe gibt es nun drei Polizisten, zwei Verdächtige und eine Täterin/einen Täter. Sie/Er ist in diesem Spiel die/der Kriminelle, darf das aber nicht sagen. Falls die KT-Zahl nicht durch sechs teilbar ist, kann KL mehr Karten *(Polizei, Verdächtige)* einsetzen.
3. Die Polizisten stellen den Verdächtigen ausführliche Fragen über ihren gestrigen Tag und machen sich Notizen. (KT sollten hier möglichst viele Ausdrücke aus A2 und einige Ausdrücke aus Kapitel 1, *Tagesablauf*, benutzen.) Am Ende stellen sie fest, ob die/der verhörte Verdächtige tatsächlich die Täterin bzw. der Täter ist.
4. Die Polizisten vergleichen ihre Notizen und berichten über das Ergebnis der Ermittlung im Plenum.

A10
1. KT hören das Telefongespräch zweimal und beantworten die Fragen in 10a, ohne den Text zu lesen.
2. KL bittet KT, die wichtigsten Informationen (Name, Termin, Grund für den Anruf) aufzuschreiben und spielt den Dialog noch einmal vor.
3. Drei Freiwillige spielen den Dialog nach.
4. Erst danach wird der Text in 10b gelesen und ggf. noch einmal angehört.

A11–14 Übersicht und Übungen zum Konjunktiv II (mit Ausnahme der Modalverben sind alle Formen aus Kapitel 3 schon bekannt).

1. KL oder drei KT lesen die Beispielsätze in A11 vor.
2. KL erklärt die Funktion der Verbform in diesen Fällen (Höflichkeit/Zurückhaltung) und den Verwendungskontext (oft im Beruf, bei offiziellen Anlässen, ab und zu auch in privaten Konversationen).
3. Verschiedene KT lesen die Beispielsätze in der Tabelle vor (jeweils den linken und den rechten Satz) und geben die Verbform im Konjunktiv noch einmal wieder.
4. Aufgaben A12 bis A14 dienen zur Festigung und sollten jeweils in Partnerarbeit bearbeitet werden.

Grammatikübersicht und Übungen zu den Zeitangaben: C5–6

Arbeitsblatt 5: Höfliche Bitten

Wortschatz: Höfliche Bitten in Alltagssituationen
Grammatik: Konjunktiv II

1. KL teilt das Arbeitsblatt aus, KT bilden Zweier- oder Dreiergruppen.
2. Die Gruppen wählen eine Situation aus und formulieren dazu höfliche Bitten.
3. Die Aufgabe wird im Plenum folgendermaßen kontrolliert: Kleingruppe 1 liest eine ihrer Bitten vor und bittet jemanden aus einer anderen Kleingruppe, darauf zu reagieren.
4. Die aufgerufene Person gibt eine bejahende Antwort, eine andere Person (z. B. die, die rechts neben ihr sitzt) eine verneinende.
5. Das Spiel geht so lange, bis alle KT eine Frage gestellt und zwei andere beantwortet haben.

A15
1. KT lösen die Aufgabe zum Telefon-Wortschatz (Plenum oder Einzelarbeit).
2. KT schließen das Buch, KL stellt jeder/m KT eine der in der Übung aufgelisteten Fragen, KT geben eine passende Antwort.

A16–17 Übersicht zu den Verben mit präpositionalem Kasus und Aufgabe

1. KL liest die Beispielsätze aus der Tabelle vor. Sie/Er macht anhand der Übersicht deutlich, dass manche Verben eine Ergänzung mit einer Präposition benötigen, um einen Satz zu bilden. Verben mit präpositionalen Ergänzungen gibt es in vielen Sprachen. Am besten ist es, man lernt Verb, Präposition und Kasus gleich zusammen.
2. KT festigen das Gelernte in Partnerarbeit mit Ergebnispräsentation in A16 und 17.

Grammatikübersicht und Übungen zum direkten und präpositionalen Kasus: C7–12, Arbeitsblatt 8

A18–21 Buchstabiertafel und Übung, weitere Telefongespräche: s. Anweisungen im Buch (Plenum und Kleingruppenarbeit)

A22–23 KL erläutert die Übersicht zu Zeitdauer und Zeitpunkt auf S. 109, danach werden A22 und A23 gelöst (Partnerarbeit und Plenum).

A24 Phonetik (Die Konsonanten *f, v, ph, w*): s. Anweisungen im Buch (Plenum)

Arbeitsblatt 6: Zeitangaben

Wortschatz: Alltagstätigkeiten
Grammatik: temporale Präpositionen

1. KT ziehen eine Karte, auf jeder Karte steht ein anderes Thema.
2. KT formulieren innerhalb einer bestimmten Zeit (6–8 Minuten) möglichst viele Fragen zum eigenen Thema und schreiben diese auf ein DIN A4-Blatt. KL oder die Gruppe sollten eventuelle Fehler vor dem Spielbeginn korrigieren.
3. Die Blätter werden auf einen freien Tisch gelegt, wo sie alle KT lesen können. Jede/Jeder wählt eine oder zwei Fragen aus (egal, zu welchen Themen), die er beantworten möchte. KT müssen nicht unbedingt die Wahrheit sagen, aber mindestens 30 Sekunden über das Thema sprechen.
4. Nach kurzer Vorbereitungszeit beantworten KT die gewählten Fragen. Die Gruppe sollte anschließend Gelegenheit zu weiterer Fragestellung bekommen.
5. Zum Schluss werden die typischen Fehler korrigiert und eventuelle Fragen geklärt.

A25–26 Thema ist die Kommunikation im Büro.

1. Zur Einführung kann KL KT einige Fragen zur Kommunikation am Arbeitsplatz stellen, z. B.: *Mit wem reden Sie oft? Worüber sprechen Sie mit den Kollegen/mit den Vorgesetzten/mit Kunden? Gibt es Kollegen, die gerne viel reden? Reden Sie selbst mit Kollegen/Kunden eher viel oder eher wenig?*
2. Danach liest KL die Beispielsätze in A25a vor und erläutert das Konzept der indirekten Frage und die Wortstellung.
3. A25b wird in Partnerarbeit gelöst.
4. Nach der Vorstellung der Sätze mit *ob* in A26a wird A26b in Partnerarbeit oder im Plenum gelöst.

Grammatikübersicht und Übung zur indirekten Fragestellung: C13

A27 Übersicht und Übung zu Nebensätzen mit *dass*. Die Bearbeitung erfolgt nach dem Beispiel A25/A26.

Grammatikübersicht und Übung zu *dass*-Sätzen: C14

Übung mit Arbeitsblatt 1 aus Kapitel 3: Können Sie mir sagen …?

Wortschatz: Einkauf
Grammatik: indirekte Fragen mit einem Fragewort

1. Zu dieser Aufgabe sollte Arbeitsblatt 1 aus Kapitel 3 benutzt werden. KL legt das Spielbrett auf den Tisch und erklärt die Spielregeln.
2. KT bilden Kleingruppen. In jedem Kästchen ist der Name eines Geschäfts zu lesen, in dem unsere indirekte(!) Frage gestellt werden muss. Die Frage darf man frei erfinden, aber sie muss zur Situation passen und grammatikalisch richtig sein.
3. Die Kleingruppen würfeln abwechselnd und bilden indirekte Fragen. (Es ist etwas zeitaufwendiger, aber nicht uninteressant, wenn die Kleingruppe, die die Frage bilden muss, eine andere Kleingruppe auffordert, diese zu beantworten.)
4. Das Spiel geht so lange, bis eine Gruppe das Ziel erreicht hat oder bis alle Gruppen das Ziel erreicht haben.

A28 Die Aufgabe wird im Plenum gelöst.

Arbeitsblatt 7: Grammatik-Quiz

Wortschatz: Wortschatz des Kapitels
Grammatik: indirekte Fragen

1. KL teilt das Grammatik-Quiz aus und erklärt die Aufgabe.
2. KT diskutieren in Zweiergruppen und kreuzen die ihrer Meinung nach richtigen Antworten an (evtl. als Wettbewerb). Während des Gesprächs sollten mithilfe der auf dem Arbeitsblatt vorgegebenen Redemittel möglichst viele indirekte Fragen gebildet werden.
3. Die Lösungen werden im Plenum besprochen, KL beantwortet eventuelle Fragen.

A29–30 Musterbrief und Übungen zu Geschäftsbriefen: Zur Einleitung kann KL z. B. fragen: *Welche Angaben muss man in einer Bestellung mitteilen?*

Zum weiteren Arbeitsvorgang: s. Anweisungen im Buch (Plenum)

Arbeitsblatt 8: Grammatik- und Wortschatztraining

Grammatik- und Wortschatzübung zu Verben mit präpositionalem Kasus (nach A16 jederzeit einsetzbar)

Arbeitsblatt 9: Wiederholungstest

Der Test gibt KT Gelegenheit, sich zu überprüfen und eventuelle Fragen zu klären.

Arbeitsblatt 10: Prüfungsvorbereitung
Zusammenfassende Übung und Vorbereitung auf die Prüfung *Goethe-Zertifikat A2, Sprechen Teil 2*, s. Anweisungen auf dem Arbeitsblatt und im Anhang des Lehrbuches

B *fakultativ:* s. Hinweise S. 5

D s. Hinweise S. 5

5 Urlaub und Reisen

Im Phonetikteil dieses Kapitels stehen das unbetonte *e* und der Konsonant *r* im Vordergrund. Bei der Korrektur der Aussprache sollte KL auf diese Aspekte besonders achten.

Vorkenntnisse aktivieren
Als Hausaufgabe kann KL KT bitten, die Redemittel aus *Begegnungen A1+*, Kapitel 3 (Sehenswürdigkeiten, S. 83) und Kapitel 6 (Wetter, Verkehrsmittel, S. 166-167) zu wiederholen. KT erstellen im Plenum eine Gedankenkarte zum Thema *Urlaub*.

A1
a: KL oder drei KT lesen die Angebote laut, danach lesen KT die Texte noch einmal in Einzelarbeit. KT wählen für sich ihren Favoriten, diskutieren aber noch nicht darüber.
b: Die Wortschatzaufgabe wird im Plenum gelöst. In diesem Teil können weitere Fragen zum Wortschatz besprochen werden.

A2 KT ergänzen die Informationen zu den Lesetexten in Partnerarbeit. Jeweils eine/ein KT fasst die interessantesten Infos im Plenum zusammen.

A3 In Kleingruppen sprechen KT nun mithilfe der Redemittel über ihre Wahl. Die Vor- und Nachteile werden anschließend im Plenum vorgetragen und diskutiert.

A4
1. In A4 werden die lokalen Präpositionen wiederholt und vertieft. Bevor diese Aufgabe gelöst wird, sollten die wichtigsten Regeln anhand der vorgegebenen Fragen im Plenum erläutert werden.
2. KT tauschen sich in Kleingruppen über ihre Reisegewohnheiten aus.
3. Die interessantesten Informationen werden im Plenum präsentiert.

A5–7 Aufgaben zu Ländern und Nationalitäten: s. Anweisungen im Buch (Plenum)
Anschließend können alle Nationalitäten der Gruppe genannt werden.

Mögliche kurze weiterführende Übung: Ratespiel
KT 1 nennt eine berühmte Person, die anderen KT nennen deren Heimatland. KT, die/der die richtige Antwort gegeben hat, nennt die nächste Person usw.

A8 Mit den Hörtexten zum Thema *Reiseziele* werden die Richtungs- und Ortsangaben eingeführt.
1. KT hören die Berichte in Teil a) und ergänzen die Informationen, soweit sie können.
2. Danach hören KT die Hörtexte ein zweites Mal und vervollständigen die Angaben.
3. Die Ergebnisse werden in Partnerarbeit verglichen.
4. Zum Schluss sprechen KT zu zweit über die Fragen in Teil b).

A9
1. KL erläutert die Übersicht zu Richtungs- und Ortsangaben. In lernstarken Gruppen sollte KL KT mit einbeziehen. Dabei beginnt KL mit der Frage *Wohin?* und schreibt die Präpositionen aus der Übersicht auf die linke Seite der Tafel. Dann nennt KL einen Ort (z. B. Deutschland) und KT ordnen im Plenum die richtige Präposition zu. Das Beispiel wird an die Tafel geschrieben. Wenn alle Präpositionen einen passenden Ort haben, kann KL mit der Frage *Wo?* fortfahren.
2. A9 kann in Partnerarbeit oder im Plenum gelöst werden.

Grammatikübersicht und Übungen: C1–3

Arbeitsblatt 1: Phileas Fogg

Wortschatz: Reisen
Grammatik: Zeit- und Ortsangaben, Wiederholung des Konjunktiv II

1. Bevor die Arbeitsblätter ausgeteilt werden, sollte das Datum wiederholt werden.
2. KL teilt die Arbeitsblätter aus, KT finden Zweiergruppen zusammen oder arbeiten im Plenum und bilden Sätze über Phileas Foggs Reise.
3. Aufgabe 2 wird in Kleingruppen vorbereitet oder als Hausaufgabe gelöst.

A10 Gespräch im Büro (Hörtext): s. Anweisungen im Buch; Teil a) im Plenum und Teil b) in Partnerarbeit. Als Alternative oder zusätzlich zu Teil b) kann Arbeitsblatt 2 eingesetzt werden.

Arbeitsblatt 2: Gespräch im Büro

Wortschatz: Über Reisen sprechen
Grammatik: Kein besonderer Schwerpunkt

1. Das Arbeitsblatt dient zur Vertiefung des Wortschatzes. KT arbeiten in Zweier- oder Dreiergruppen. KL kopiert das Blatt entsprechend der Anzahl der Gruppen und zerschneidet es.
2. KT legen die Abschnitte des Dialogs in die richtige Reihenfolge. Die Überprüfung der Lösung erfolgt im Plenum, indem der Text von zwei KT-Paaren laut gelesen wird.

A11 KT arbeiten zu zweit. Jede/Jeder berichtet anhand ihrer/seiner gewählten Karte über das Thema, die/der andere KT stellt dazu einige Fragen.
Zu jedem Thema erfolgt eine Präsentation im Plenum als Beispiel. Eine ähnliche Übung enthält die Prüfung *Goethe-Zertifikat A2, Sprechen Teil 2.*

A12 KT schreiben eine E-Mail in Einzelarbeit. Danach tauschen sie ihren Text mit der Nachbarin/dem Nachbarn und korrigieren den vorliegenden Text, wenn nötig. Am Ende werden drei Beispieltexte im Plenum vorgelesen. Eine ähnliche Übung enthält die Prüfung *Goethe-Zertifikat A2, Schreiben Teil 2.*

A13–14 Wortschatzübungen zum Thema *Reisen*: s. Anweisungen im Buch (Partner- oder Kleingruppenarbeit und Plenum)

A15 Verkehrsinformationen: s. Anweisungen im Buch (Plenum)

A16
1. KT bilden Zweiergruppen und üben einen Dialog ein.
2. Die Dialoge werden im Plenum vorgestellt und ggf. korrigiert.

A17 Wiederholung zum Thema *Wetter*: s. Anweisungen im Buch (Plenum)

Mögliche weiterführende Übung:
KT schreiben in Partnerarbeit einen Wetterbericht für heute/gestern und/oder laden als Hausaufgabe einen aktuellen Wetterbericht (aus einem deutschsprachigen Land oder dem Heimatland) aus dem Internet herunter.

A18 Phonetik: Das unbetonte *e* und der Konsonant *r*: s. Anweisungen im Buch (Plenum)

A19
1. 19a wird im Plenum gelöst: KT ordnen den Gegenständen die Funktion zu.
2. Danach bilden sie Zweiergruppen. KT 1 darf beide Spalten sehen, KT 2 deckt die linke Spalte der Aufgabe ab.
3. KT 1 stellt Fragen über die aufgelisteten Gebrauchsgegenstände (z. B.: *Wozu braucht man ein Insektenspray/den Führerschein?*).
4. KT 2 beantwortet die Fragen, indem sie/er den Ausdruck in der linken Spalte aus dem Gedächtnis möglichst genau wiedergibt.
5. KT 1 kontrolliert den Satz mit dem Buch und korrigiert, wenn nötig.
6. Nach drei bis vier Fragen werden die Rollen getauscht.
7. A19b kann entweder in Partnerarbeit oder im Plenum gelöst werden.

Arbeitsblatt 3: Reise-Checkliste

Wortschatz: Kleidungsstücke, Alltagsgegenstände
Grammatik: Akkusativ, *weil*-Sätze

1. KT bilden Zweier- oder Dreiergruppen. Jede Gruppe bekommt ein Kärtchen.
2. Diese Aufgabe eignet sich als Wettbewerb: Auf jedem Kärtchen steht ein Urlaubstyp. Die Kleingruppen erstellen eine Reise-Checkliste mit möglichst vielen passenden Gegenständen und Kleidungsstücken zum vorgegebenen Urlaubstyp (evtl. in alphabetischer Reihenfolge).
3. Die Kleingruppen lesen im Plenum ihre Listen vor. Wer die längste Liste hat, hat gewonnen. (KT können am Anfang entscheiden, ob nur Nomen mit dem richtigen Artikel angenommen werden.)

(Diese Übung funktioniert besonders gut, wenn KT auch ein Wörterbuch benutzen dürfen, denn auf diese Weise werden neue Wörter gelernt und nur fehlerfreie Formen aufgeschrieben.)

A20–21 A20 ist eine Postkarte aus einem misslungenen Urlaub, die als Modell für die Postkarten in A21 dienen kann.
1. KL liest die Postkarte laut vor.
2. KT lesen die Karte einzeln und markieren relevante Wörter.
3. A21 eignet sich als Hausaufgabe. KT können Texte mit Fotos illustrieren.

Wenn KT die Postkarten als Hausaufgabe geschrieben haben:
1. KL korrigiert vor der Unterrichtsstunde die Postkarten und teilt sie in der Stunde aus: Jede/Jeder bekommt die Postkarte einer anderen Person.
2. KT lesen die Postkarten und berichten über den beschriebenen Urlaub, z. B.: *Stellt euch mal vor, … (Name) hat mir aus dem Urlaub eine Postkarte geschickt. Er schreibt, dass …* usw.)
3. Am Ende können KT weitere Fragen stellen.

A22 KL erläutert die Übersicht und Übung zur Deklination der Adjektive oder lässt KT durch gezielte Fragestellung die Regeln selbst formulieren.
(Nach der Grundform des Artikels *(der, die, das)* wird an das Adjektiv immer ein *-e* angehängt, in allen anderen Fällen ein *-en*. Die Pluralendung ist immer *-en*. Bei dem Adjektiv nach bestimmtem und unbestimmtem Artikel gibt es drei Unterschiede: Bei maskulinen und neutralen Nomen im Nominativ und neutralen Nomen im Akkusativ erhalten die Adjektive nach dem unbestimmten Artikel *(ein)* eine Signal-Endung (*-r* oder *-s*). Die Übung vertieft genau diesen Punkt und sollte in Partnerarbeit gelöst werden.

Grammatikübersicht und Übungen: C4–9, Arbeitsblatt 8

A23 Kurze Übung zur Wiederholung der Fragewörter, die im Plenum gelöst werden kann.

Mögliche weiterführende Übung:
KL gibt einige Situationen vor (z. B. *auf einer Party, in einer Sitzung*), KT sammeln mögliche indirekte Fragen.

A24 KL erläutert die Übersicht zum Gebrauch von *obwohl* oder KT formulieren die Regeln selbst.
(Mit *obwohl* drückt man eine unerwartete Folge aus, einen Umstand, der gegen die Aktion im Hauptsatz spricht. Ähnlich wie nach der Subjunktion *weil* steht das konjugierte Verb auch hier am Satzende.)
A24 wird im Plenum oder in Einzelarbeit gelöst.

Grammatikübersicht und Übungen: C11–12

Arbeitsblatt 4: Den idealen Reisepartner finden

Wortschatz: Reisen, Vorlieben
Grammatik: *weil*-Sätze

1. Das Arbeitsblatt ist ein Fragebogen über Urlaubsgewohnheiten. KT diskutieren in Zweiergruppen und notieren die Antworten der Gesprächspartnerin/des Gesprächspartners.
2. Im Plenum berichten sie über die erhaltenen Informationen.
3. Nach diesem Bericht sagen KT im Plenum, mit wem sie am liebsten Urlaub machen würden. Sie begründen ihre Wahl mit einigen *weil*-Sätzen. (Es können mehrere Personen gewählt werden.)

A25 a: KT berichten der Reihe nach kurz über ihre Lieblingsstadt.
b: KT diskutieren in Zweier- oder Dreiergruppen und kreuzen an, wie häufig sie die aufgeführten Aktivitäten in einer fremden Stadt unternehmen.
c: Mithilfe der Vorgaben üben KT in Partnerarbeit kurze Dialoge ein, einige davon werden im Plenum vorgestellt.

Arbeitsblatt 5: Rundreise in Österreich

Wortschatz: Sehenswürdigkeiten
Grammatik: lokale und temporale Präpositionen, *weil*-Sätze

1. KT bilden Zweier- oder Dreiergruppen, jede Gruppe bekommt eine Karte mit der Beschreibung einer von sechs Stationen einer sechstägigen Österreich-Rundreise. Die Kleingruppen haben die Aufgabe, das Programmangebot vorzustellen.
2. Die Kleingruppen lesen die Informationen (KL erklärt ggf. die unbekannten Wörter) und üben die Präsentation des Programms ein.
3. Die Kleingruppen stellen das Programm im Plenum vor.

Die Aufgabe ist interessanter, wenn KL Fotos der beschriebenen Orte zeigt. So können KT z. B. die Fotos den Beschreibungen zuordnen oder – zur Einübung der Adjektivdeklination – ausführlich beschreiben.

A26–28 Lesetext über Wien
1. KT hören den Text in A26 zuerst bei geschlossenem Buch und machen sich Notizen.
2. KL visualisiert die Informationen, die KT im Plenum zusammentragen.
3. Der Text wird gehört und gelesen.
4. KL ergänzt an der Tafel weitere wichtige Informationen und beantwortet Fragen zum Wortschatz.
5. KT lösen nun zu zweit A27 und A28 und präsentieren ihre Ergebnisse im Plenum.

Eine ähnliche Aufgabe enthält auch die Prüfung *Goethe-Zertifikat A2, Lesen Teil 1.*

A29 Dialogübung: Ein Zimmer reservieren und sich nach Öffnungszeiten erkundigen: s. Anweisungen im Buch (Partnerarbeit und Plenum)

Arbeitsblatt 6: Wohin fahren Sie, wenn …?

Wortschatz: Reisen, Länder usw.
Grammatik: lokale Präpositionen, Sätze mit *wenn, weil, obwohl*, Adjektivdeklination

1. KL teilt die Arbeitsblätter aus. KT diskutieren in Zweiergruppen und beantworten die vorgegebenen Fragen über ihre Reisegewohnheiten. (Das Buch kann bei der Übersicht zur Nomengruppe [Teil C, S. 153] geöffnet sein.)
2. Die interessantesten Informationen werden im Plenum vorgestellt.

A30 Über die Heimatstadt mündlich und schriftlich berichten (evtl. mit Fotos), ein Tagesprogramm zusammenstellen: s. Anweisungen im Buch (Partnerarbeit, Plenum und Einzelarbeit)

Variante A30a:
1. KT notieren auf kleinen Karten Fragen, die sie den anderen KT über ihre Heimatstadt stellen möchten. (KL sollte diese vorab korrigieren, wenn möglich.)
2. Nach der Präsentation ziehen KT ein bis zwei Fragen, die sie spontan beantworten. Die Fragen können auch von einer Moderatorin/einem Moderator aus dem Kurs ausgewählt und gestellt werden. Die Gruppe kann am Anfang entscheiden, ob eine bestimmte Frage mehr als einmal gestellt werden darf.

Arbeitsblatt 7: Erzählen Sie etwas über …

Wortschatz: Reisen, Freizeit, Urlaub
Grammatik: Vergangenheitsformen, lokale und temporale Präpositionen, Satzbau

1. Mit dieser Übung können der Wortschatz des Kapitels und die Vergangenheitsformen vertieft werden. KL legt das Spielbrett auf einen freien Tisch. In jedem Kästchen steht ein reisebezogenes Thema.
2. KT bilden Kleingruppen. Jemand in der Kleingruppe würfelt und äußert sich zum Thema im jeweiligen Kästchen. Die Person darf so lange sprechen, wie sie kann, jeder richtige Satz ist einen Punkt wert.
3. Die anderen Gruppen haben die Aufgabe, der Sprecherin/dem Sprecher möglichst viele Fragen zu stellen. Für die richtigen Fragen bekommt die fragende Kleingruppe zwei Punkte, die Antworten sind ebenfalls zwei Punkte wert.

Arbeitsblatt 8: Grammatik- und Wortschatztraining

Grammatik- und Wortschatzübung zur Artikel- und Adjektivdeklination (nach A22 jederzeit einsetzbar)

Arbeitsblatt 9: Wiederholungstest

Der Test gibt KT Gelegenheit, sich zu überprüfen und eventuelle Fragen zu klären.

Arbeitsblatt 10: Prüfungsvorbereitung

Zusammenfassende Übung und Vorbereitung auf die Prüfung *Goethe-Zertifikat A2, Schreiben Teil 1*, s. Anweisungen auf dem Arbeitsblatt und im Anhang des Lehrbuches

B *fakultativ:* s. Hinweise S. 5

D s. Hinweise S. 5

6 Tiere und Menschen

Im Phonetikteil dieses Kapitels stehen die Endungen *-ich* und *-ig* im Vordergrund. Bei der Korrektur der Aussprache sollte KL auf diese Aspekte besonders achten.

A1 KT ordnen den Fotos die Tiernamen zu.

A2 KT diskutieren in Kleingruppen und präsentieren ihre Ergebnisse im Plenum. Es ist zu empfehlen, dass KT zunächst die ersten drei Fragen beantworten und KL die Tiernamen an die Tafel schreibt. Danach erfolgt die Diskussion über die Fragen 4 bis 7.

A3
1. KL spielt den Hörtext über Zoo-Erfahrungen zweimal vor, KT ergänzen die Tabelle.
2. Die Antworten werden im Plenum besprochen.
3. Anschließend kann KL die Kurzinterviews noch einmal vorspielen, KT haben die Aufgabe, die erste Frage des Reporters und die Reaktionen der Befragten aufzuschreiben. *(Darf ich Ihnen einige Fragen stellen? – Ja, natürlich/sicher/klar.)* Diese nützlichen Redemittel können mit Arbeitsblatt 1 (Rekorde in der Gruppe) vertieft werden.

A4
1. KT füllen das Tier-Quiz in Kleingruppen aus. KL kann KT bitten, sich beim Beantworten der Fragen möglichst viele indirekte Fragen zu stellen *(Weißt du, ob der Strauß schneller läuft als der Hund/welches Tier am längsten ist …?* usw.).
2. Die Lösungen werden im Plenum kontrolliert.

A5–8 Lesetext und Aufgaben zum Thema *Gefährliche Tiere*:
1. KL sollte KT am Anfang darauf hinweisen, dass der Text nicht einfach zu verstehen ist. Er wird deshalb zunächst gleichzeitig gelesen und gehört.

2. Danach bearbeiten KT A6. Hier steht das selektive Lesen im Vordergrund.
3. In Schritt 3 wird der Text noch einmal abschnittsweise gehört.
4. Zusammen mit der Bearbeitung von A7 werden Fragen zum Wortschatz geklärt.
5. Zur Vertiefung formulieren KT in A8 Sätze in Einzel- oder Partnerarbeit mit anschließender Ergebnispräsentation.

A9
1. Die Regeln zur Komparation der Adjektive werden wiederholt. (Sie sind bereits in Kapitel 7 von *Begegnungen A1+* behandelt worden.) KL sollte KT darauf aufmerksam machen, dass die meisten Adjektive regelmäßig gesteigert werden.
2. Danach lösen KT Aufgabe A9 im Plenum oder in Einzelarbeit.

Grammatikübersicht und Übungen zur Komparation der Adjektive: C1–5, Arbeitsblatt 8

Arbeitsblatt 1: Rekorde in der Gruppe

Grammatik: Komparativ, Superlativ

1. KL teilt die Karten aus (jede/jeder KT bekommt eine davon) und erklärt die Aufgabe: *Wir suchen nach Rekorden in der Gruppe.* Auf jeder Karte steht eine Frage über einen Rekord, KT haben die Aufgabe, die Rekordhalter zu finden. (Bei mehr als 12 KT sollten zwei Kartensätze vorbereitet und die Gruppe sollte in zwei Kleingruppen geteilt werden.)
2. KT bewegen sich frei im Raum, stellen jeder/jedem in der Gruppe ihre Frage, notieren sich die Antworten und beantworten die Fragen der anderen KT.
3. Die Rekorde werden im Plenum mit möglichst vielen Komparativ- und Superlativformen vorgestellt, z. B.: *Carlo hat mehr Geschwister als Aida, aber die meisten Geschwister hat Julia: Sie hat zwei Schwestern und drei Brüder.* Die Fragen auf den Karten müssen selbstverständlich umgeformt werden, z. B. stellt KT mit *Wer hat die meisten Geschwister?* auf ihrer/seiner Karte folgende Frage: *Wie viele Geschwister hast du/haben Sie?* usw.

A10
KT berichten im Plenum oder in Kleingruppen über ihre Haustiere.
Im Zusammenhang mit Frage 2 kann KL den nachfolgenden Text durch folgende Fragen (an der Tafel) vorentlasten: *Was meinen Sie: Können Haustiere gegen Schlafstören oder Kopfschmerzen helfen? Können Haustiere gegen Einsamkeit helfen? Können Haustiere die Stimmung der Menschen beeinflussen? Können Haustiere bei Problemen helfen?*

A11–15
1. KT hören den Text bei geschlossenem Buch.
2. Sie beantworten die in A10 gestellten Fragen der Vorentlastungsphase erneut.
3 Mehrere KT lesen den Text in Abschnitten laut.
4. Fragen zum Wortschatz werden geklärt, A12 wird im Plenum bearbeitet.
5. KT beantworten die in A13 gestellten Fragen zum Text schriftlich. Die Ergebnispräsentation erfolgt im Plenum.
6. A14 und A15 dienen dem Einprägen der wichtigsten Wörter aus dem Text.

Arbeitsblatt 2: Wortbildung

Wortschatz: Eigenschaften
Grammatik: Wortbildung

1. KT füllen das Arbeitsblatt im Plenum aus. Die meisten Adjektive und Nomen kommen im Lesetext A11 vor.
2. Die Regeln zur Adjektivbildung werden im Plenum formuliert und in die entsprechenden Lücken geschrieben.
3. Als weiterführende Übung können KT passende Nomen zu den Adjektiven sammeln.

A16
1. KT formulieren im Plenum mit dem Modalverb *sollte* einen Vorschlag gegen Stress, Schlafstörungen oder Kopfschmerzen. Kein Tipp darf zweimal wiederholt werden, sondern jede/jeder KT muss sich etwas Neues einfallen lassen!
2. Das Spiel ist zu Ende, wenn KT die Ideen ausgegangen sind.

Grammatikübersicht und Übung zum Gebrauch von *sollte*: C10

A17 Zum Abschluss der Sequenz lösen KT in Partnerarbeit A 17. Der Text kann auch als Beispiel dienen, eine ähnliche E-Mail zu verfassen.

Arbeitsblatt 3: Entschuldigung, aber …

Wortschatz: sich in Alltagssituationen entschuldigen, auf eine Entschuldigung reagieren
Grammatik: Konjunktiv II mit *sollte*

1. KL teilt die Kärtchen aus: Jede/Jeder KT kann eins oder mehrere davon bekommen. Auf jeder Karte stehen zwei Situationen. In der ersten Situation (Satz mit Normalschrift) sollen KT sich für etwas entschuldigen, in der zweiten (fett gedruckter Ausdruck) auf eine Entschuldigung reagieren.
2. KT 1 (z. B. mit der Karte *Sie haben sich verspätet*) beginnt das Spiel und sagt: *Entschuldigung/Es tut mir leid, dass ich mich verspätet habe.*
3. KT 2 (mit dem fett gedruckten Ausdruck *pünktlich sein*) meldet sich und sagt: *Kein Problem, aber das nächste Mal sollten Sie/solltest du pünktlich sein.*
4. Dann entschuldigt sie/er sich den Vorgaben entsprechend bei der nächsten Person.
5. Das Spiel geht so lange, bis alle Situationen behandelt worden sind.

(Der Kartensatz ist so angelegt, dass man mit dem Spiel nach Karte 8 aufhören kann.)

A18–19 Das Aussehen der Personen in A18 wird im Plenum beschrieben.
Für A19 sollte KL den Hinweis geben, dass auch erfundene Personen beschrieben werden dürfen. Eine Alternative wäre die Beschreibung von berühmten Comicfiguren (bspw. Asterix, Obelix, Onkel Dagobert, Donald Duck).

A20–21 Die Bezeichnungen für die Familienmitglieder werden im Plenum laut vorgelesen, danach wird Aufgabe A20b gelöst.

Mögliche weiterführende Übung: Was haben Sie von Ihren Eltern?

1. KT sagen im Plenum, welche Eigenschaften sie von ihren Eltern haben, z. B.: *Meine Ruhe/Meinen Optimismus/Meine blauen Augen* usw. *habe ich von meiner Mutter/meinem Vater.* oder: *Ich bin so ruhig wie mein Vater/meine Mutter.*
2. KT sagen, welche Eigenschaften sie haben, ihre Eltern aber nicht, z. B.: *Ich bin größer/optimistischer/nervöser als mein Vater/meine Mutter … Ich habe eine längere Nase/dunklere Augen als mein Vater/meine Mutter.*
   So werden Komparativsätze beider Art auf eine interessante Weise geübt.

Die Fragen in A21 werden in Kleingruppen beantwortet. KL kann KT bitten, Familienfotos in den Unterricht mitzubringen und sie den Gesprächspartnern zu zeigen.

Übungen zu Personenbeschreibungen: C6–9

A22
- a: KT lesen und hören die Eigenschaften. Beim Erklären bestimmter Wörter kann an dieser Stelle direkt Teil c) gelöst werden.
- b: In Kleingruppen diskutieren KT, welche Eigenschaften für die angegebenen Personen wichtig sind und präsentieren ihre Ergebnisse im Plenum.

A23 Phonetik: Die Endungen *-ich* und *-ig*: s. Anweisungen im Buch (Plenum)

A24–25 KT sehen sich zu zweit oder dritt die Grafik an und vergleichen die Ergebnisse mit ihren Angaben in A22b. Im Plenum werden die Unterschiede und Gemeinsamkeiten anschließend präsentiert und besprochen.
Die Bearbeitung der Wortschatzaufgabe A25 erfolgt ebenfalls im Plenum.

A26–27
1. KT hören den Text in A26 zuerst bei geschlossenem Buch und machen sich Notizen.
2. KL sammelt und visualisiert die Informationen.
3. Der Text wird gehört und gelesen.
4. KL ergänzt an der Tafel weitere wichtige Informationen und beantwortet Fragen zum Wortschatz.
5. Nun lösen KT zu zweit A27 und präsentieren ihre Ergebnisse im Plenum.

Eine ähnliche Aufgabe enthält auch die Prüfung *Goethe-Zertifikat A2, Lesen Teil 1.*

Arbeitsblatt 4: Partnersuche: „Gegensätze ziehen sich an" oder „Gleich und Gleich gesellt sich gern"?

Wortschatz: Partnersuche
Grammatik: Kein besonderer Schwerpunkt

1. Das Arbeitsblatt dient zur Wortschatzvertiefung des Textes A26. KT arbeiten in Zweier- oder Dreiergruppen. KL kopiert das Blatt entsprechend der Anzahl der Gruppen und zerschneidet es.
2. KT legen die Abschnitte des Textes in die richtige Reihenfolge. Die Überprüfung der Lösung erfolgt im Plenum anhand der Textvorlage im Lehrbuch.

A28–29
1. KT beantworten die Fragen schriftlich und besprechen ihre Lösungen im Plenum.
2. Die Wortschatzarbeit in A29a und A29b erfolgt in Partnerarbeit.
3. KT äußern ihre Meinung zunächst in Kleingruppen. Die Diskussionsergebnisse werden im Plenum zusammengefasst.

A30
a: KL liest die Beispielsätze vor und erläutert die Funktion von Relativsätzen.
b: KT beenden die Sätze (im Plenum) – mehrere KT jeweils einen Satz. Währenddessen schreibt KL die Relativpronomen an die Tafel und erklärt die unterschiedlichen Kasusformen.

Mögliche weiterführende Übung 1: Wer hat dieses Buch geschrieben?
1. KL stellt folgende Frage: *Was meinen Sie? Was für Menschen haben dieses Kursbuch geschrieben?*
2. KT äußern ihre Vermutungen im Plenum oder in Partnerarbeit mit Relativsätzen.

(Idee der weiterführenden Übung aus: Humanising Your Coursebook, Mario Rinvolucri, First Person Publishing, 2002)

Mögliche weiterführende Übung 2: Welcher Gegenstand ist das?
1. KT bilden Zweiergruppen und wählen pro Gruppe einen Gegenstand aus, den sie mit möglichst vielen Relativsätzen umschreiben (z. B.: *Das ist ein Gegenstand, der rund ist/mit dem Kinder spielen/mit dem Fußball gespielt wird.*). KL hilft bei der Formulierung der Sätze, wenn nötig.
2. Kleingruppe 1 liest ihre Sätze im Plenum vor, die anderen KT raten, welcher Gegenstand beschrieben wurde.
3. Die Kleingruppe, deren Gegenstand nach den meisten Sätzen gefunden worden ist, gewinnt.

Grammatikübersicht und Übungen zu Relativsätzen: C12–14

Arbeitsblatt 5: Romeo und Julia

Wortschatz: Eigenschaften
Grammatik: Relativsätze

1. KL teilt die Arbeitsblätter aus: KT 1 bekommt Arbeitsblatt A und KT 2 Arbeitsblatt B.
2. KT 2 gibt Informationen über Romeos Traumfrau, KT 1 ergänzt die Sätze auf ihrem/seinem Arbeitsblatt.
3. Die Rollen werden getauscht: KT 1 gibt Informationen über Julias Traummann, KT 2 ergänzt die Sätze auf ihrem/seinem Arbeitsblatt.
4. Die Sätze werden im Plenum korrigiert.
5. Aufgabe 3 wird im Plenum kurz diskutiert.

A31
1. KT hören das Partygespräch zweimal und beantworten dazu die Fragen.
2. Die Lösungen werden im Plenum kontrolliert.
3. Anschließend führen KT selbst kurze Partygespräche (evtl. mit leiser Musik im Hintergrund), z. B. auf folgende Weise: Jede/Jeder KT denkt sich ein attraktives Programm für den nächsten Abend aus, bringt diesen Vorschlag im Gespräch unter und versucht, möglichst viele Leute dafür zu begeistern.
4. Am Ende der Übung entscheidet sich jede/jeder KT für ein Abendprogramm und begründet im Plenum kurz ihre/seine Wahl.

Arbeitsblatt 6: Wir schreiben eine Telenovela

Wortschatz: Eigenschaften, Angaben zur Person
Grammatik: Adjektivendungen, Perfekt und Präsens, lokale und temporale Präpositionen

1. KT haben die Aufgabe, die Hauptfiguren und die Handlung der Pilotsendung für eine Telenovela zu erfinden.
2. Die Definition der Telenovela wird im Plenum gelesen, danach arbeiten KT in Kleingruppen und beschreiben die Hauptfiguren.
3. Die Beschreibungen werden im Plenum vorgelesen und kontrolliert.
4. KT arbeiten wieder in Kleingruppen und beantworten die Fragen über die Ausgangssituation (Aufgabe 2).
5. Die Antworten werden im Plenum vorgestellt.

A32

1. Diskussion und Lesetext über Ärger und Freude: s. Anweisungen im Buch (Partnerarbeit und Plenum). A32b eignet sich zur Wiederholung einiger Ländernamen und Nationalitäten, da die Wörter *Russe, Brite, Franzose, Deutschland, Niederlande* und *Portugiese* im Text stehen.
2. Anschließend kann KL z. B. folgende Fragen stellen: *Worüber ärgern sich die Menschen in Ihrem Heimatland? Worüber sollte sich ein Tourist in Ihrem Land nicht ärgern? Worüber ärgern Sie sich in Deutschland/Österreich/der Schweiz?* KT mit ähnlichem kulturellen Hintergrund bilden eine Kleingruppe zur Diskussion oder die Fragen werden im Plenum beantwortet.

A33

1. KL erklärt die unbekannten Wörter in Teil a), danach ordnen KT einzeln oder in Zweiergruppen die Redemittel der entsprechenden Gruppe zu.
2. Die Lösungen werden im Plenum kontrolliert.
3. Aufgabe b kann in Partnerarbeit oder im Plenum gelöst werden. Wenn sie im Plenum gelöst wird und die Gruppe aus mehr als sechs Teilnehmern besteht, können sich zwei oder drei KT zu derselben Situation äußern, dürfen aber dabei die bereits benutzten Redemittel nicht wiederholen.

Übung zu Verben mit präpositionalem Objekt: C11

A34

KL erläutert den Gebrauch der Redepartikeln. Anschließend wird A34 gelöst. Der aktive Gebrauch der Redepartikeln wird zwar auf diesem Sprachniveau noch nicht erwartet; da sie jedoch typische Elemente der gesprochenen deutschen Sprache sind, ist es wichtig, dass KT sich damit beizeiten auseinandersetzen.

A35

KT führen mithilfe der vorgegebenen Redemittel ein Gespräch, in dem sie eine gemeinsame Lösung suchen. Zunächst werden die Gespräche zu zweit geführt. Zwei Beispielgespräche sollten anschließend im Plenum präsentiert werden.

Arbeitsblatt 7: Satzbautraining

Lernziel: Wortschatz und Grammatik des Kapitels vertiefen

1. KT bilden Zweiergruppen: KT 1 hat Arbeitsblatt A, KT 2 hat Arbeitsblatt B. Aus dem ursprünglichen Satz werden mithilfe der Vorgaben neue Sätze gebildet.
2. In Teil A bildet KT 2 Sätze, KT 1 kontrolliert und korrigiert sie/ihn.
3. In Teil B werden die Rollen getauscht.

Arbeitsblatt 8: Grammatik- und Wortschatztraining

Grammatik- und Wortschatzübung zur Steigerung des Adjektivs (nach A9 jederzeit einsetzbar)

Arbeitsblatt 9: Wiederholungstest

Der Test gibt KT Gelegenheit, sich zu überprüfen und eventuelle Fragen zu klären.

Arbeitsblatt 10: Prüfungsvorbereitung

Zusammenfassende Übung und Vorbereitung auf die Prüfung *Goethe-Zertifikat A2, Lesen Teil 3*, s. Anweisungen auf dem Arbeitsblatt und im Anhang des Lehrbuches

B *fakultativ:* s. Hinweise S. 5

D s. Hinweise S. 5

7 Wohnen und Essen

Im Phonetikteil dieses Kapitels stehen die Konsonantenverbindungen *nk* und *ng* im Vordergrund. Bei der Korrektur der Aussprache sollte KL auf diese Aspekte besonders achten.

Vorkenntnisse aktivieren

Als Hausaufgabe kann KL KT bitten, die Redemittel aus *Begegnungen A1+*, Kapitel 7 (S. 194–195) zu wiederholen.

1. Jede Gruppe sammelt zu bestimmten Buchstaben (z. B. Gruppe 1: A–E, Gruppe 2: F–K usw.) möglichst viele wohnungsbezogene Wörter (Möbelstücke, Teile des Hauses, Haustypen usw.), evtl. als Wettbewerb.
2. Die Listen werden im Plenum überprüft und ggf. ergänzt.

A1
- a: KT sprechen in Kleingruppen über ihre Traumwohnung.
- b: Nachdem der Hörtext zweimal abgespielt worden ist und KT die Tabelle ausgefüllt haben, kann KL den Text ein drittes Mal vorspielen und KT darum bitten, sich die Redemittel zur Formulierung von Wünschen zu notieren *(Es wäre toll, wenn …/Das wäre toll./Ich wünsche mir einen …/Ich möchte gern einen …/Am liebsten wäre mir …/Ein … muss sein, denn …).*

Arbeitsblatt 1: Umfrage: Der ideale Wohnort

Wortschatz: Wohnort, Wohnungseinrichtung
Grammatik: lokale Präpositionen

1. KL teilt die Arbeitsblätter aus: KT 1 bekommt Arbeitsblatt A, KT 2 Arbeitsblatt B. Beide Arbeitsblätter enthalten vier Fragen zum Thema *Idealer Wohnort*.
2. KT diskutieren in Zweiergruppen und kreuzen die Antworten für sich und die Gesprächspartnerin/den Gesprächspartner auf dem eigenen Fragebogen an.
3. KT mit Arbeitsblatt A und KT mit Arbeitsblatt B bilden zwei Gruppen, die die Umfragen mithilfe der vorgegebenen Redemittel auswerten.
4. Die Ergebnisse werden im Plenum vorgestellt.

A2–3
1. Frage A2a wird im Plenum beantwortet: KT sagen der Reihe nach, was für sie bei der Wohnungssuche wichtig ist, und begründen kurz ihre Meinung.
2. KT bilden Kleingruppen und wählen eine weitere Person, für die sie die wichtigsten Kriterien bei der Wohnungssuche sammeln.
3. Die eigenen Vorlieben werden mit der Statistik in A2b verglichen.
4. In A3 suchen die Kleingruppen für drei Personen eine passende Wohnung.
5. Die Vorschläge werden mit einer kurzen Begründung im Plenum vorgestellt.

Arbeitsblatt 2: Das Leben in der Stadt und im Vorort

Wortschatz: Wohnorte beschreiben
Grammatik: lokale Präpositionen, Komparativ

1. KT diskutieren im Plenum und vergleichen die beiden Wohnorte (Stadt, Vorort).
2. KT wählen den Wohnort aus, der ihnen besser gefällt, und sammeln möglichst viele Argumente dafür. (Die meisten Wortvorgaben auf dem Arbeitsblatt kommen aus *Begegnungen A1+*, Kapitel 7.)
3. Die Gruppe wird in zwei Kleingruppen geteilt. Eine Gruppe bilden die KT, die das Leben im Vorort bevorzugen, eine andere diejenigen, die lieber in der Stadt wohnen. (Es ist kein Problem, wenn die Zahl der KT in den beiden Gruppen am Anfang nicht gleich ist.) Die beiden Gruppen setzen sich zusammen und besprechen kurz ihre Argumente. Währenddessen kann KL einige Redemittel zur Meinungsäußerung an die Tafel schreiben, z. B.: *Das mag sein/stimmen, aber .../ Damit bin ich nicht einverstanden.*
4. Die beiden Gruppen führen ihre Argumente an und debattieren diese. Während der Debatte ist es erlaubt, die Meinung zu verändern und die Seite zu wechseln. Das Ziel ist es, möglichst viele Leute auf die eigene Seite zu ziehen. Nach ca. 10 Minuten wird die Debatte abgeschlossen und die Anzahl der KT auf beiden Seiten gezählt.

A4 E-Mail über den Wohnort schreiben: s. Anweisungen im Buch (Einzelarbeit)

A5 a: Die Texte werden im Plenum gelesen.
b: Dieser Teil wird in Einzelarbeit oder in Partnerarbeit gelöst. Wenn KT die Aufgabe in Partnerarbeit lösen, dann erzählen sie sich zuerst, wo sie in der Kindheit gewohnt haben, anschließend schreiben sie für die Gesprächspartnerin/den Gesprächspartner oder in deren/dessen Namen einen Text.

Die Texte werden im Plenum vorgelesen, wo KT sich ggf. weitere Fragen stellen können.

Variante:
Wenn die Arbeitsatmosphäre positiv ist und KT miteinander gut auskommen, können KT ohne vorangehende Diskussion einen kurzen Text über den Ort schreiben, in dem die Nachbarin/der Nachbar als Kind gewohnt haben könnte. Die Texte werden im Plenum vorgelesen, die betroffene Person korrigiert die Vermutungen.

c: KL erläutert die Grammatikübersicht zu den Subjunktionen *wenn* und *als*, KT formulieren die Regel zur Wortstellung. (Das konjugierte Verb steht am Satzende.)
Anschließend wird Aufgabe c im Plenum gelöst: KT beantworten der Reihe nach alle Fragen mit einem Satz.

Grammatikübersicht und Übung zu *wenn* und *als*: C8

Arbeitsblatt 3: Als ich ...

Wortschatz: Tätigkeiten
Grammatik: Sätze mit der Subjunktion *als*

1. KL macht kleine Kärtchen, KT ziehen eins oder mehrere davon.
2. KT beenden die Satzanfänge auf den Karten frei im Plenum. Wenn sie wollen, dürfen sie natürlich über das Thema länger sprechen oder als Hausaufgabe einen Text schreiben.

A6
1. KL stellt zur Einführung einige Fragen: *Was meinen Sie: Wie viel Prozent der Bevölkerung leben in Ihrem Land/in Deutschland alleine? Welches Land hat (prozentual) die meisten Alleinlebenden? In welchem Land leben nicht so viele Menschen alleine?*
2. Der Text wird gehört und gelesen. Anschließend vergleichen KT die Textaussagen mit ihren Vermutungen.
3. KT bearbeiten die Textaufgaben in Teil b) und c) in Partnerarbeit.
4. Die Diskussion in Teil d) wird in Kleingruppen durchgeführt: s. Anweisungen im Buch.
5. In Teil e) formulieren KT in Partnerarbeit Sätze und spielen Mini-Dialoge.

A7
1. Dieser einfache Lesetext eignet sich als Diktat: KL liest den Text zweimal langsam vor, KT schreiben mit.
2. KT vergleichen ihre Texte miteinander und korrigieren gegenseitig ihre Fehler, ohne ins Buch zu schauen.
3. Am Ende wird das Diktat mit dem Originaltext im Buch überprüft.

A8 Die Gesprächspartnerin/Den Gesprächspartner für diese Aufgabe kann man z. B. mit folgendem Spiel finden:

1. KL zerschneidet Fotos, auf denen Häuser abgebildet sind. Jede/Jeder KT bekommt eine Bildhälfte. (Bei ungerader Teilnehmerzahl kann KL ein Foto in drei Stücke schneiden.)
2. KT 1 beschreibt ihr/sein Bild, ohne es der Gruppe zu zeigen. KT 2 (mit der vermutlich passenden Bildhälfte) meldet sich und beschreibt kurz ihre/seine Bildhälfte.
3. Das Spiel geht so lange, bis jede/jeder KT seine Gesprächspartnerin/seinen Gesprächspartner gefunden hat. Auf diese Weise werden einige lokale Präpositionen und die Artikel- und Adjektivdeklination schon vor der Lösung der Aufgabe wiederholt.
4. KT beschreiben Ottos Wohnung im Plenum.
5. Anschließend schreiben KT ihre Verbesserungsvorschläge in Partnerarbeit auf und vergleichen sie dann im Plenum.

Grammatikübersicht und Übungen zu den Wechselpräpositionen: C1–2, C14, Arbeitsblatt 8

Arbeitsblatt aus *Begegnungen A1+*, Handbuch für Lehrende S. 62–63

Wortschatz: Büroeinrichtung, Alltagsgegenstände
Grammatik: lokale Präpositionen

Dieses Arbeitsblatt kann auf folgende Weise zur Wiederholung der lokalen Präpositionen und einiger Alltagsgegenstände eingesetzt werden:

Vorbereitung: KL schneidet die beiden Zeichnungen aus und fotokopiert für jeden KT nur eine davon.

1. KT bilden Zweiergruppen, KL teilt die Arbeitsblätter aus: KT 1 bekommt Arbeitsblatt A und KT 2 Arbeitsblatt B.
2. KL erklärt die Situation: Bild 1 zeigt Roberts Büro am Morgen und Bild 2 dasselbe Büro am Abend. Danach stellt er folgende Frage: *Was hat sich tagsüber im Büro verändert?* (Es kann nützlich sein, vor der Partnerarbeit die Bezeichnungen für die Gegenstände auf der Zeichnung zu wiederholen.)
3. KT arbeiten in Zweiergruppen und geben die Position der Gegenstände auf dem eigenen Bild an (ohne es dem Gesprächspartner zu zeigen). Sie notieren sich die gefundenen Unterschiede. (*Die Tasse war am Morgen noch auf dem Schreibtisch, aber am Abend ist sie neben dem Drucker.* usw.)
4. Die Sätze werden im Plenum vorgelesen und ggf. korrigiert.

A9–10 Aufgaben im und um das Haus, einen Termin mit einem Fachmann vereinbaren: s. Anweisungen im Buch (Plenum und Partnerarbeit)

A11
1. KL erläutert den Gebrauch von *zu* + Infinitiv-Konstruktionen.
2. A11 wird im Plenum oder in Partnerarbeit gelöst. Im letzteren Fall werden die interessantesten Informationen im Plenum vorgestellt.

Grammatikübersicht und Übungen zu den *zu* + Infinitiv-Konstruktionen: C9–11

Arbeitsblatt 4: Als ich ein Kind war …

Wortschatz: Alltagstätigkeiten
Grammatik: *zu* + Infinitiv-Konstruktionen, Präteritum von *haben* und *sein*

1. KL teilt die Arbeitsblätter aus. KT arbeiten in Zweier- oder Dreiergruppen und bilden mit Hilfe der Vorgaben Sätze über ihre Kindheit. Dabei suchen sie nach möglichst vielen Gemeinsamkeiten, die sie auch notieren.
2. Die Gemeinsamkeiten und andere interessante Informationen werden im Plenum vorgestellt.

A12 Phonetik (Konsonantenverbindungen *ng*, *nk*): s. Anweisungen im Buch (Plenum)

A13–15 Lesetext und Wortschatzübungen zu „Das Paradies am Rande …“: s. Anweisungen im Buch (Plenum)

Arbeitsblatt 5: Das Paradies am Rande der Stadt

Wortschatz: Wörter aus dem Lesetext in A13
Grammatik: Präpositionen

1. Nach der Lösung der Wortschatzübungen lesen KT den Text noch einmal aufmerksam durch. KL kann entscheiden, ob sie/er die Aufgabe schon jetzt erklärt oder erst beim Austeilen der Arbeitsblätter. Danach spielt sie/er den Hörtext noch einmal vor. Auf diese Weise wird sowohl auditiven als auch visuellen Lernern die Möglichkeit gegeben, sich möglichst viele Details einzuprägen.
2. KL teilt die Arbeitsblätter mit dem Lückentext aus.
3. KT ergänzen die Präpositionen in Einzelarbeit und vergleichen dann ihre Lösungen mit dem Text im Buch.

A16 Über Gärten im Heimatland berichten: s. Anweisungen im Buch (Plenum)

Arbeitsblatt 6: Haus und Garten

Wortschatz: Rund um Haus und Garten, Möbel, Kleidungsstücke, Gebrauchsgegenstände usw.
Grammatik: kein besonderer Schwerpunkt

1. Die Aufgabe dient zur Systematisierung des im Kapitel gelernten Wortschatzes rund um die Tätigkeiten im Haus und im Garten. KT bilden Zweier- oder Dreiergruppen, jede Kleingruppe bekommt ein oder zwei Kärtchen. (Alle Karten sollten ausgeteilt werden). Auf jedem Kärtchen steht ein Verb aus Kapitel 7.
2. KT sammeln Nomen, die zu ihrem Verb/ihren Verben passen. Sie dürfen dabei das Lehrbuch benutzen, denn es geht darum, den gelernten Wortschatz zum Thema *Haus und Garten* möglichst gründlich zu wiederholen.
3. Die Wortlisten werden im Plenum überprüft, KT notieren sich die gesammelten Nomen zu allen Verben.

Mögliche weiterführende Übung zur Wiederholung von Verbformen:
KL bittet die Kleingruppen, mit dem eigenen Verb Sätze zu bilden: z. B. einen Vorschlag, einen Ratschlag, eine Aufforderung, einen Aussagesatz und einen Fragesatz im Präteritum/Perfekt/Präsens, mit und ohne Modalverb.

A17–19
1. KL liest die Bezeichnungen für Kräuter und Gemüse unter den Fotos laut vor.
2. KT berichten in Kleingruppen oder im Plenum, welche Kräuter und Gemüsearten sie kennen/mögen, welche in ihrem Heimatland oft verwendet werden.
3. Im Anschluss sprechen KT zu zweit über ihre Ernährungsgewohnheiten und geben die erhaltenen Informationen im Plenum wieder.
4. Der Text in A19a wird zunächst von KL oder einer/einem KT laut gelesen. Unbekannte Wörter werden besprochen.
5. KT lösen Aufgabe 19b in Partnerarbeit und vergleichen ihre Ergebnisse mit anderen KT.

Übungen zum Thema *Essen und Trinken*: C5–7

A20 Kochen und Rezepte: s. Anweisungen im Buch (Plenum und evtl. Partnerarbeit)
Eine Sprechübung zu Rezepten enthält auch das Handbuch für Lehrende zu *Begegnungen A1+* (S. 100–101).

A21 Als Hausaufgabe kann KL KT bitten, die Redemittel aus *Begegnungen A1+*, Kapitel 4 (*Im Restaurant*, S. 106) zu wiederholen. Hörtext und Sprechübungen zum Thema *Im Restaurant*: s. Anweisungen im Buch (Plenum und Partnerarbeit)
Als Alternative oder Ergänzung zu A21c eignet sich Arbeitsblatt 7.

Arbeitsblatt 7: Im Restaurant

Wortschatz: Im Restaurant, Wortschatz von A18
Grammatik: kein besonderer Schwerpunkt

1. KT üben in Dreier- oder Vierergruppen und anhand des Dialoggerüstes auf dem Arbeitsblatt einen Dialog im Restaurant ein.
2. Die Dialoge werden im Plenum vorgestellt.

Eine weitere Dialogübung zum Thema *Im Restaurant* befindet sich in *Begegnungen A1+* (S. 96).

A22

1. KL erläutert die Bedeutung von *trotzdem* und *deshalb*, KT formulieren die Regel zur Wortstellung. (Das konjugierte Verb steht auf Position II, die Adverbien *trotzdem* und *deshalb* stehen entweder auf Position eins oder drei.)
2. KT lösen A22b in Partner- oder Einzelarbeit mit Ergebnispräsentation im Plenum.

Mögliche weiterführende Übung: Sätze bauen

1. KT schreiben Satzanfänge, die mit *trotzdem* oder *deshalb* beendet werden können. (KL kann das Thema vorgeben oder KT schreiben die Sätze frei, z. B.: *Heute ist das Wetter schön, …*)
2. KT 1 liest ihren/seinen Satzanfang vor, KT 2 beendet ihn frei, z. B.: *Heute ist das Wetter schön, deshalb arbeite ich im Garten/trotzdem bleibe ich zu Hause.* Die Gruppe korrigiert, wenn nötig.
3. Danach liest KT 2 ihren/seinen Satz vor, KT 3 beantwortet ihn usw.

Grammatikübersicht und Übungen zu *trotzdem* und *deshalb*: C12–13

Arbeitsblatt 8: Grammatik- und Wortschatztraining

Grammatik- und Wortschatzübung zu den Wechselpräpositionen (nach A8 jederzeit einsetzbar)

Arbeitsblatt 9: Wiederholungstest

Der Test gibt KT Gelegenheit, sich zu überprüfen und eventuelle Fragen zu klären.

Arbeitsblatt 10: Prüfungsvorbereitung

Zusammenfassende Übung und Vorbereitung auf die Prüfung *Goethe-Zertifikat A2, Schreiben Teil 2*, s. Anweisungen auf dem Arbeitsblatt und im Anhang des Lehrbuches

B *fakultativ:* s. Hinweise S. 5

D s. Hinweise S. 5

8 Politik und Technik

Im Phonetikteil dieses Kapitels stehen die Laute *sch*, *sp* und *st* im Vordergrund. Bei der Korrektur der Aussprache sollte KL auf diese Laute besonders achten.

Vorkenntnisse aktivieren

Als Hausaufgabe kann KL KT bitten, die Redemittel aus *Begegnungen A1+*, Kapitel 8 (Redemittel aus-Nachrichten, S. 218) zu wiederholen.

A1

1. KT diskutieren in Kleingruppen über die Punkte eins bis vier. Bei der Zusammenfassung der Informationen im Plenum visualisiert KL relevante Redemittel.
2. KT schauen sich in Partnerarbeit die Beispiele an und beantworten den letzten Punkt. Bei der Ergebnispräsentation werden eventuelle Fragen besprochen.

A2

a: KT beantworten die Fragen zum Hörtext „Ein Gespräch über Zeitschriften“: s. Anweisungen im Buch (Plenum)

b: 1. KT besuchen in Kleingruppen die Internetseiten von „Der Spiegel" und „GEO" und lesen die Schlagzeilen.
2. Die Gruppe diskutiert darüber, welches Thema sie am wichtigsten/interessantesten findet.
3. Beginnend mit dem interessantesten Thema berichtet die Gruppe über die Themen der Ausgabe.

A3 Über eine Zeitschrift aus dem Heimatland berichten: s. Anweisungen im Buch (Plenum)
KT können zur Illustration die Website der Zeitung oder Zeitschrift präsentieren.

A4 Mit dieser Übung können einige Regeln der Artikelbestimmung wiederholt und der zeitungsbezogene Wortschatz vertieft werden. KL weist KT aber darauf hin, dass sich bei vielen Nomen der Artikel nicht ableiten lässt und es deshalb sinnvoll ist, neue Wörter mit Artikel zu lernen.

KL kann KT bitten, weitere Wörter aus Aufgabe A1 und der Transkription des Hörtextes zum Thema *Zeitungen und Zeitschriften* (S. 281) zu sammeln.

Wortschatz- und Grammatikübungen rund um Zeitungen: C6–8

A5–7 KT lesen die Zeitungsartikel in A5 und finden in Einzelarbeit die passende Überschrift.

Variante:
Vorbereitung: KL fotokopiert die Texte aus dem Buch auf einzelne Blätter.
1. Es werden Sechsergruppen gebildet, in denen jede/jeder KT einen Artikel bekommt.
2. KT lesen die Nachrichten und erzählen den Inhalt möglichst ausführlich nach. (KL entscheidet, ob KT beim Nacherzählen den Text sehen dürfen.)
3. Die Gruppen präsentieren die Informationen im Plenum, evtl. als Wettbewerb: Die Gruppe, die die meisten Informationen wiedergeben kann, gewinnt.
4. Anschließend werden die Texte in A5 gelesen und unbekannte Wörter geklärt.
Die Wortschatzübungen A6 und A7 werden im Plenum gelöst.

Arbeitsblatt 1: Nachrichten

Wortschatz: Nachrichten, Wortschatz in A5
Grammatik: kein besonderer Schwerpunkt

1. KL teilt die Arbeitsblätter aus und sagt beispielsweise Folgendes: *Journalisten sind in ihrer Berichterstattung nicht immer sehr genau. Das bestätigen auch die Nachrichten auf dem Arbeitsblatt (in der örtlichen Zeitung o. ä.), in denen es leider jeweils zwei Fehler gibt.* (Die Nachricht mit der Überschrift „Aufruf im Internet" steht nicht auf dem Arbeitsblatt.)
2. KL liest die Originaltexte aus dem Buch vor, KT hören zu und korrigieren die Fehler in den Texten auf dem Arbeitsblatt.
3. Die Fehler werden im Plenum zusammengefasst.

A8–9 1. KL oder eine/ein KT erläutert die Bildung und den Gebrauch von Passivsätzen.
(Das Thema ist in *Begegnungen A1+* bereits behandelt worden.)
2. A8 und A9 werden im Plenum gelöst.

Grammatikübersicht und Übungen zum Passiv, Präsens: C1–4

Arbeitsblatt 2: Was wird hier gemacht?

Wortschatz: Alltagstätigkeiten
Grammatik: Passivkonstruktionen
1. Auf dem Arbeitsblatt sind acht Orte bzw. Veranstaltungen aufgelistet. Mithilfe des Lehrbuchs (evtl. des Wörterbuchs) sammeln KT möglichst viele passende Tätigkeiten zu jedem Begriff und schreiben damit Passivsätze (z. B.: *Auf einer Geburtstagsparty wird gegessen, getrunken, Musik gehört und viel getanzt.*). (In größeren Gruppen können KT die Ausdrücke unter sich aufteilen.)
2. Die Sätze werden im Plenum kontrolliert.

(Diese Übung eignet sich auch als Hausaufgabe zur Wiederholung von Wortschatz und Grammatik rund um Alltagstätigkeiten.)

A10–12 In diesen Aufgaben wird wichtiger nachrichtenbezogener Wortschatz behandelt, der für erwachsene Lernende auf diesem Niveau relevant ist.

1. KT hören die Nachrichten und lösen A10.
2. Die Ergebnisse werden mit einer Nachbarin/einem Nachbarn besprochen. Danach werden die Texte zur Kontrolle ein zweites Mal gehört.
3. A11 wird in Partnerarbeit gelöst. Danach werden die Sätze im Plenum laut vorgelesen.
4. In A12a schreiben KT in Kleingruppen jeweils einen Text. Der Text wird im Plenum präsentiert.
5. Die Bearbeitung von 12b und 12c erfolgt in Partnerarbeit. Die produzierten Texte in Teil c) werden ebenfalls im Plenum vorgetragen.

Arbeitsblatt 3: Komposita

Wortschatz: Komposita zu Politik, Kultur und Wirtschaft
Grammatik: Regeln zur Artikelbestimmung

1. KT bilden in Einzelarbeit zusammengesetzte Wörter zu den vorgegebenen Themen.
2. Die Lösungen werden im Plenum überprüft, Artikel und Plural der Wörter werden bestimmt und die Regeln zur Artikelbestimmung wiederholt und ggf. erweitert.

A13–17 Aufgaben und Lesetext zum Thema *Umwelt*: Die Übungen enthalten Wortschatz, der über Niveau A2 hinausgeht und sind deshalb besonders für lernstarke Gruppen geeignet.

1. In A13 werden im Plenum die wichtigsten Wörter für das Themenfeld *Umwelt* eingeführt.
2. A14 vertieft den Wortschatz aus A13 mithilfe von Verben, die Veränderungen beschreiben. Diese Übung wird zusammen mit A15 in Partnerarbeit gelöst.
3. Der Text in A16a behandelt die bereits eingeführten Themen etwas ausführlicher. KT hören den Text zunächst bei geschlossenem Buch. Danach fragt LK, welche Informationen KT verstanden haben und visualisiert die Antworten. Im nächsten Schritt wird der Text gelesen und ein Vergleich zu den eigenen Vermutungen in A14 gezogen (Teil b).
4. Die Textarbeit in A17 kann in Einzel- oder Partnerarbeit mit anschließender Ergebnispräsentation durchgeführt werden.

Wortschatzübung zu Zeitungen und Umwelt: C9

A18–20 Redemittel und Übungen zur Meinungsäußerung: s. Anweisungen im Buch
(A18: Plenum, A19–20: Kleingruppenarbeit)

Arbeitsblatt 4: Das neue Stadtbild

Wortschatz: Gebäude in einer Stadt, Redemittel zur Meinungsäußerung in A18
Grammatik: lokale Präpositionen, Passivkonstruktionen, Adjektivendungen

1. KL teilt die Arbeitsblätter aus (die Karten werden erst später gebraucht) und erklärt die Aufgabe: Die Zeichnung stellt den Plan für die Modernisierung einer deutschen Stadt dar.
2. KT beschreiben im Plenum die Lage der Gebäude und notieren sich die Sätze.
3. KL erklärt das Rollenspiel: Wir sitzen im Gemeinderat und diskutieren über diesen Plan. KT 1 (ein Freiwilliger) ist der Architekt, der den Plan entworfen hat. Die anderen KT sind Mitglieder des Gemeinderats.
4. Die Mitglieder bilden Zweiergruppen und ziehen pro Gruppe eine Karte. Auf jeder Karte steht ein Argument gegen das geplante Stadtbild. Dieses Argument muss die Kleingruppe in der Sitzung vertreten.
5. Der Architekt fasst den Plan ggf. noch einmal zusammen, danach wird dieser mithilfe der Redemittel in A18 debattiert: KT äußern ihre Vorbehalte und gehen kurz auf die Meinung der anderen ein. Der Architekt verteidigt natürlich seinen Plan.
6. Nach 10–15 Minuten Debatte sollte ein Kompromiss gefunden werden, den ein Mitglied des Gemeinderates/der Architekt präsentiert.

A21–22

1. A21 enthält lustige historische Irrtümer in Bezug auf Erfindungen. Die Sätze werden im Plenum gelesen.
2. A22 wird in Kleingruppen gelöst.

3. Vor der Lösung von Aufgabe A22b erläutert KL den Gebrauch des Passiv Präteritum. Sie/Er sollte verdeutlichen, dass es hier keinesfalls um das Testen der Allgemeinbildung geht, sondern ausschließlich um das Üben von Vermutungen und des Präteritums. Außerdem erhalten KT in dieser Übung interessante Informationen über verschiedene Erfindungen.
4. Die Antworten werden mit dem Lösungsschlüssel überprüft.

Grammatikübersicht und Übung zum Passiv, Präteritum: C5

A23
1. KT diskutieren in Kleingruppen über die Wichtigkeit der aufgelisteten Geräte.
2. Die Ergebnisse werden mit kurzer Begründung im Plenum vorgestellt.

Wortschatzübung zu Geräten und Technik: C10

A24 Phonetik: Die Konsonanten *sch, sp, st*: s. Anweisungen im Buch (Plenum)

A25
1. KL erläutert den Gebrauch der *um … zu*-Konstruktionen. (Sie geben den Zweck einer Handlung an.)
2. A25 wird im Plenum gelöst. KL kann KT bitten, möglichst viele Gebrauchsmöglichkeiten für die Gegenstände zu nennen.

Mögliche weiterführende Übung 1: Wer braucht was?
KT formulieren der Reihe nach einen Satz mit einer *um … zu*-Konstruktion, z. B. sagt KT 1: *Ich brauche eine Waschmaschine, um meine Wäsche zu waschen.* KT 2 sagt: … *(Name) braucht eine Waschmaschine, um ihre/seine Wäsche zu waschen. Ich brauche eine Gabel, um meinen Kuchen zu essen.* usw.

Mögliche weiterführende Übung 2: Die Geschichte eines Gegenstandes
1. KT legen einen Gegenstand, der ihnen aus irgendeinem Grund wichtig ist, auf den Tisch.
2. Nach kurzer Vorbereitungszeit erzählen KT die Geschichte dieses Gegenstandes. (KL kann z. B. folgende Fragen an die Tafel schreiben, um das Erzählen zu erleichtern: *Wann/Wo haben Sie den Gegenstand gekauft? Von wem haben Sie ihn bekommen? Haben Sie ihn immer dabei? Warum ist er wichtig? Wozu wird er gebraucht?*)

(Die Übung kann auch ein Ratespiel sein, bei dem die Gruppe der Besitzerin/dem Besitzer des Gegenstandes Entscheidungsfragen stellt und auf diese Weise die Geschichte des Gegenstandes erfährt.)

Grammatikübersicht und Übungen zu Finalangaben: C11–12

Arbeitsblatt 5: Gegenstände

Wortschatz: Gebrauchsgegenstände, Tätigkeiten
Grammatik: Passivkonstruktionen, *um … zu*-Konstruktionen, Relativsätze

1. KL teilt die Karten aus (jede/jeder KT bekommt eine). Auf jeder Karte ist ein Gegenstand zu sehen. KL kann z. B. folgende Vorgaben an die Tafel schreiben: *Mit diesem Gegenstand wird …/ Dieser Gegenstand wird gebraucht, um … zu …*
2. KT schreiben eine oder mehrere Definitionen zum Gegenstand auf ihre Karte.
3. Die Definitionen werden im Plenum vorgelesen (evtl. als Ratespiel).
4. In lernstarken Gruppen kann KL KT bitten, eine Geschichte mit den Gegenständen zu erfinden (schriftlich oder mündlich).

A26 Die Fragen über das Technikverständnis der KT werden im Plenum mit ganzen Sätzen beantwortet.

A27–29 Texte und Aufgaben zu Gebrauchsanleitungen: s. Anweisungen im Buch (Plenum)

A30 Zwei weitere Hörtexte zu Gebrauchsanleitungen (Gerät 1: Kaffeemaschine, Gerät 2: Waschmaschine).

Mögliche Bearbeitung der Hörtexte:
1. KL spielt die Hörtexte einmal vor, KT sagen, um welche Geräte es sich handelt.
2. KL spielt Hörtext 1 noch zweimal vor, KT notieren sich alle Hinweise zum Gebrauch der Kaffeemaschine, die sie verstanden haben.
3. Anschließend vergleichen sie ihre Notizen mit zwei oder drei anderen KT. Das Ziel ist, gemeinsam möglichst viele Informationen über die Kaffeemaschine zu sammeln.
4. Hörtext 2 wird auf die gleiche Weise bearbeitet.
5. Die Lösungen werden mit der Transkription der Texte auf Arbeitsblatt 6 verglichen.

Arbeitsblatt 6: Gebrauchsanleitungen

Wortschatz: Gebrauchsanleitungen, Wortschatz des Hörtextes A30
Grammatik: Präpositionen und Kasus

1. KT tragen die fehlenden Endungen in Einzelarbeit ein.
2. Die Lösungen werden mit dem Hörtext oder der Transkription überprüft.
3. Zum Schluss können alle Präpositionen mit dem Dativ und dem Akkusativ bzw. die Wechselpräpositionen (evtl. auch einige Regeln zur Artikelbestimmung) wiederholt werden.

A31
1. Die Ergebnisse der Umfrage werden im Plenum besprochen.
2. Anschließend diskutieren KT in Kleingruppen darüber, was sie im Umgang mit Technik stört, und suchen dabei nach Gemeinsamkeiten.
3. Die Gemeinsamkeiten werden im Plenum vorgestellt.

Grammatikübersicht und Übungen zu den Präpositionen mit dem Wortschatz des Kapitels: C13–14

Arbeitsblatt 7: Satzbautraining

Lernziel: Wortschatz und Grammatik des Kapitels vertiefen

1. KT bilden Zweiergruppen: KT 1 hat Arbeitsblatt A, KT 2 hat Arbeitsblatt B. Aus dem ursprünglichen Satz werden mithilfe der Vorgaben neue Sätze gebildet.
2. In Teil A bildet KT 2 Sätze, KT 1 kontrolliert und korrigiert sie/ihn.
3. In Teil B werden die Rollen getauscht.

Arbeitsblatt 8: Grammatik und Wortschatztraining

Grammatik- und Wortschatzübung zum Passiv (nach A22 jederzeit einsetzbar)

Arbeitsblatt 9: Wiederholungstest

Der Test gibt KT Gelegenheit, sich zu überprüfen und eventuelle Fragen zu klären.

Arbeitsblatt 10: Prüfungsvorbereitung

Zusammenfassende Übung und Vorbereitung auf die Prüfung *Goethe-Zertifikat A2, Lesen Teil 2*, s. Anweisungen auf dem Arbeitsblatt und im Anhang des Lehrbuches

B *fakultativ:* s. Hinweise S. 5

D s. Hinweise S. 5

Vorschläge zur Arbeit mit den Folien

Die Whiteboardmaterialien dienen vor allem der Wiederholung des Wortschatzes und der Strukturen und können als Zusatzmaterial im Unterricht eingesetzt werden.
Zu jedem Kapitel gibt es drei bis fünf Aufgaben, die meistens aus mehreren Teilen bestehen. In den Hinweisen zu den Whiteboardmaterialien gibt die Zahl in den eckigen Klammern an, aus wie vielen Teilen eine Aufgabe besteht. Tipps für mögliche weiterführende Übungen sind mit [W] gekennzeichnet.

Die Whiteboardmaterialien bestehen aus vier Aufgabentypen, denen jeweils ein Icon zugeordnet ist.

1. Die meisten Folien sind interaktiv, hier können Sie auf die jeweilige Lücke klicken, dann erscheint die Lösung. Diese interaktiven Folien erkennen Sie am Pfeil oben links: .
2. Der Stift kennzeichnet frei zu lösende Schreibaufgaben, bei denen die Lernenden selbst die Lösung notieren sollen (entweder individuell auf Papier oder mithilfe der Stift-Funktion direkt auf dem Board): .
3. Die Sprechblasen weisen auf eine mündliche Aufgabe hin, bei der die Teilnehmenden ins Gespräch kommen und/oder spezielle Themen diskutieren: .
4. Wenn die Inhalte einer Folie nur gelesen werden sollen, dann befindet sich ein aufgeschlagenes Buch vor der Aufgabenstellung: .

Die Whiteboardfolien stehen zusätzlich zum E-Book auf *BlinkLearning.com* zur Verfügung.

Kapitel 1

Aufgabe 1: Susis Aktivitäten (Seite 12/A9)

Wortschatz: Alltagstätigkeiten
Grammatik: Vergangenheitsformen

Mit dieser Übung sollen KT die Vergangenheitsformen wiederholen. Auf der Folie sind sechs Zeichnungen zu sehen. Sie zeigen, was Susi letzte Woche alles gemacht hat. KT arbeiten in Kleingruppen. Sie ordnen den Bildern die richtigen Tätigkeiten zu und bilden Sätze. Durch einen Klick auf die Lücken erscheinen die Lösungen. Anschließend werden die Sätze im Plenum vorgelesen und korrigiert.

[W] Danach kann KL die folgende Frage stellen: *Was hat Susi letzte Woche noch gemacht?* oder, um die Aufgabe interessanter zu machen, kann sie/er auch eine Situation angeben, z. B.: *Susi hat letzte Woche eine wichtige Person kennengelernt. Wer war das? Wie hat sie sie kennengelernt?* KT arbeiten in Kleingruppen und erfinden eine Antwort auf die Frage, die sie z. B. auf ein Flipchart-Blatt schreiben.
Danach kann KL noch zwei bis drei andere Fragen stellen, z. B.: *Susi hat letzte Woche auch eine interessante Weiterbildung besucht. Was war das Thema? Wo hat die Weiterbildung stattgefunden?* KT beantworten die Fragen schriftlich. Anschließend werden die Sätze im Plenum vorgelesen und korrigiert.

Aufgabe 2: Schulfächer (Seite 13/A10)

Wortschatz: Schulfächer
Grammatik: Genus

[1] [2] In dieser Aufgabe sind zehn Zeichnungen zu sehen. Sie stellen verschiedene Schulfächer dar. KT benennen die Schulfächer im Plenum. Anschließend lässt KL die Lösungen durch einen Klick auf die Lücken erscheinen. Bei dieser Übung kann KL einige Regeln zur Artikelbestimmung geben (*-ik* und *-ie* sind feminine Endungen), da diese Regeln auch im Grammatikteil des Kapitels behandelt werden.

Aufgabe 3: Das bin ich! (Seite 26 ff./C5–C7)

Wortschatz: Alltagstätigkeiten
Grammatik: Verben mit und ohne Präfix, Präsens und Perfekt

[1] [2] Mithilfe dieser Aufgabe sollen KT Verben wiederholen. Auf den Folien sind Verben mit trennbarem und nicht trennbarem Präfix aufgelistet. Zuerst werden die Verben im Präsens und im Perfekt in der ersten Person Singular konjugiert. Durch einen Klick auf die Lücken erscheinen die Lösungen.
Dann sollen KT mithilfe der Vorgaben je fünf Sätze über sich schreiben. Die Sätze können im Präsens oder im Perfekt stehen. In dieser Phase sollte KL, soweit es möglich ist, die Sätze korrigieren.

[W] Wenn KT mit den Sätzen fertig sind, gehen sie durch den Kursraum und lesen einander einige Sätze vor. Nach jedem Satz sollen sie der Gesprächspartnerin/dem Gesprächspartner eine Frage stellen, z. B.: *Früher habe ich viel ferngesehen. Hast du früher auch viel ferngesehen?*

Die Gesprächspartnerin/Der Gesprächspartner beantwortet die Frage, liest einen Satz über sich vor und stellt auch eine Frage. Danach können KT ihre Partner wechseln oder mit derselben Person weiterdiskutieren. Während sich KT unterhalten, kann KL einige fehlerhafte Sätze an die Tafel schreiben. Nach ca. fünfzehn Minuten wird die Diskussion beendet. Die fehlerhaften Sätze werden im Plenum besprochen und korrigiert. Zum Schluss stellen KT einige Informationen vor, die sie von einem oder mehreren Gesprächspartnern bekommen haben.

Aufgabe 4: Alltagstätigkeiten (Seite 29/C10)

Wortschatz: Alltagstätigkeiten, zeitlich geordnet
Grammatik: Reflexive Verben im Präsens und im Perfekt

In dieser Aufgabe sollen KT den Gebrauch der reflexiven Verben üben.

[1] Die Zeichnungen im ersten Teil stellen verschiedene Tätigkeiten dar, die man am Morgen machen kann. KT sollen die Tätigkeiten benennen. (Nicht alle Verben sind reflexiv!) Die Lösungen erscheinen durch einen Klick auf die Lücken.

[2] Teil zwei zeigt Tätigkeiten, die man tagsüber oder am Abend ausüben kann. KT sollen auch diese Tätigkeiten benennen. Die Lösungen erscheinen durch einen Klick auf die Lücken.

Danach können KT Kleingruppen bilden und mithilfe der Verben aus Teil eins und zwei einige Sätze über sich oder eine fiktive Person bilden. Dabei können sie sich Fragen stellen und die Antworten notieren, z. B.: *Haben Sie sich/Hast du dich/Hat sich Herr Grün gestern (geärgert)?* Die Sätze werden im Plenum vorgelesen und korrigiert.

Kapitel 2

Aufgabe 1: Hobbys (Seite 36/A1)

Wortschatz: Hobbys, Freizeitaktivitäten
Grammatik: Konjugation im Präsens und Perfekt

Mit dieser Aufgabe sollen KT die Präsens- und Perfektformen einiger häufiger Freizeitbeschäftigungen üben.

[1] In Teil eins sind Zeichnungen zu Hobbys zu sehen. KT sollen die Hobbys benennen. Die Lösungen erscheinen durch einen Klick auf die Lücken.

[2] Im zweiten Teil sollen KT zu den Zeichnungen Sätze im Perfekt bilden. KL kann die KT auffordern, die Sätze im Heft zu notieren, da sie später wieder benutzt werden könnten.

[W] Danach kann KL z. B. die folgenden Fragen an die Tafel/das Board schreiben oder diktieren: *Was haben Sie früher in Ihrer Freizeit gemacht? Ist das immer noch Ihr Hobby? Wenn nicht: Warum haben Sie damit aufgehört? Haben Sie jetzt ein anderes Hobby?*
KT bekommen einige Minuten Bedenkzeit, in der sie unbekannte Wörter im Wörterbuch nachschlagen können. Es werden Kleingruppen gebildet: KT sprechen über ihre früheren und jetzigen Freizeitbeschäftigungen und suchen nach Gemeinsamkeiten. Zum Schluss werden die Gemeinsamkeiten im Plenum vorgestellt.

Aufgabe 2: Was müssen diese Menschen bei der Arbeit machen? (Seite 38/A8)

Wortschatz: Arbeitstätigkeiten, Berufe
Grammatik: Modalverben im Präsens, Satzbau

[1] [2] Mit dieser Aufgabe sollen KT einige Arbeitstätigkeiten und Berufsbezeichnungen bzw. die Konjugation der Modalverben wiederholen. Auf der Folie sind Zeichnungen zu sehen. KT sollen sagen, was diese Menschen bei der Arbeit machen müssen. Der KL kann anschließend die Lösungen durch einen Klick auf die Lücken erscheinen lassen.

[W] Danach können KT Kleingruppen bilden und eine Person auswählen, deren Arbeitstag sie mit fünf bis zehn Sätzen beschreiben wollen. KT können auch sagen, was diese Menschen bei der Arbeit nicht tun können/dürfen usw. Das Ziel der Übung ist, dass sie möglichst viele Modalverben benutzen (evtl. als Wettbewerb). KT schreiben einen kurzen Text zum Tagesablauf der ausgewählten Person. Dabei können sie das Wörterbuch benutzen. KL kann auch helfen, wenn nötig.
Die Texte werden im Plenum vorgelesen und korrigiert. Wenn die Übung als Wettbewerb durchgeführt wird, gewinnt die Gruppe, die die meisten richtigen Sätze mit einem Modalverb bilden konnte.

Aufgabe 3: Mozarts Leben (Seite 43/A17)

Wortschatz: Lebenslauf eines Künstlers
Grammatik: Präteritum einiger häufig gebrauchter Verben

[1] [2] Auf den Folien stehen einige Sätze zu Mozarts Leben. KT sollen die fehlenden Verben im Präteritum ergänzen. Die Aufgabe kann in Kleingruppen oder in Einzelarbeit gelöst werden. Die Lösungen erscheinen durch einen Klick auf die Lücken. Zum Schluss kann KL KT auffordern, das Präteritum aller Verben noch einmal (aus dem Gedächtnis) anzugeben.

Kapitel 3

Aufgabe 1: Was kann man hier kaufen? (Seite 69/A3)

Wortschatz: Gebrauchsgegenstände
Grammatik: Akkusativ

Diese Übung ist eine Variante von Arbeitsblatt 1 (Seite 88 im Handbuch), aber auf der Folie erscheinen insgesamt nur zehn Geschäfte. Wenn man auf ein leeres Feld klickt, erscheint ein neues Geschäft. Die KT bilden Zweier- oder Dreiergruppen und schreiben mehrere Produkte auf, die man in dem jeweiligen Geschäft kaufen kann. Anschließend werden neue Kleingruppen gebildet, die sich aus jeweils einer Person der früheren Kleingruppen zusammensetzen. KT vergleichen und ergänzen ihre Listen und sammeln evtl. noch weitere Wörter. Zum Schluss werden die Listen im Plenum vorgelesen und korrigiert, wenn nötig. Ergänzend können Sätze gebildet werden.

Aufgabe 2: Haben Sie eine gute Ausrede? (Seite 71/A7)

Wortschatz: Alltagstätigkeiten
Grammatik: Nebensätze mit *weil*, Vergangenheitsformen

Diese Aufgabe kann als Fortsetzung zu Aufgabe A7 (Seite 71) eingesetzt werden. Auf der Folie stehen einige Satzanfänge: Zuerst sollen KT Ausreden für den Deutschunterricht erfinden, dann für verschiedene Situationen im Berufsleben. KT können die Aufgabe in Kleingruppen oder in Einzelarbeit lösen.
Die Ausreden werden im Plenum vorgelesen und korrigiert. In dieser Phase kann KL evtl. einige Redemittel vorgeben, mit denen man auf eine Ausrede reagieren kann.
Zum Schluss laufen KT durch den Kursraum und spielen kurze Gespräche: KT1 entschuldigt sich mit einer der aufgelisteten Ausreden, KT2 reagiert entsprechend. Danach werden die Rollen getauscht.

Aufgabe 3: Gespräche im Supermarkt (Seite 69 ff.)

Wortschatz: Verkaufsgespräche, Produkte
Grammatik: Satzbau

Mithilfe dieser Folie können KT Verkaufsgespräche spielen. Zuerst könnten KT eine Liste der Produkte erstellen, die man in diesem Supermarkt kaufen kann (im Plenum oder in Kleingruppenarbeit). Eventuell können hier auch die Regeln zur Artikelbestimmung und einige typische Pluralendungen behandelt werden.
Danach bilden KT Zweiergruppen und bereiten ein Gespräch im Geschäft schriftlich oder mündlich vor. Dabei sollen sie sich an der Zeichnung orientieren (s. Anweisungen auf der Folie).
Die Gespräche werden im Plenum vorgestellt und korrigiert.

Aufgabe 4: Stellen Sie mir eine Frage (Verben auf Seite 89)

Wortschatz: Fragen zur Person
Grammatik: Verben mit Dativ und Akkusativ, Fragestellung (evtl. im Konjunktiv II)

Die Folie enthält Verben mit Dativ oder Akkusativ. Jede/Jeder KT soll zuerst fünf Fragen mit fünf verschiedenen Verben formulieren. (KL kann am Anfang bestimmen, wer mit welchen Verben arbeiten soll.) In lernstarken Gruppen kann sie/er KT auffordern, ihre Fragen im Konjunktiv II zu formulieren. KT schreiben ihre fünf Fragen auf und tragen Sie dann vor, KL korrigiert sie.
Danach werden Zweiergruppen gebildet. Jede/Jeder KT präsentiert der Gesprächspartnerin/dem Gesprächspartner ihre/seine Fragenliste. Diese/Dieser wählt drei Fragen aus, die sie/er beantworten möchte.
KT beantworten die ausgewählten Fragen. KL kann KT auffordern, kurze Gespräche über die angesprochenen Themen zu führen. Anschließend werden die interessantesten Informationen im Plenum vorgestellt und Fehler korrigiert.

Aufgabe 5: Wer erzählt die schönste Geschichte? (Verben auf Seite 89)
Wortschatz: Alltagstätigkeiten
Grammatik: Verben mit Dativ und Akkusativ, Konjugation im Perfekt oder Präsens

[1] [2] Diese Aufgabe kann zum weiteren Üben der Verben von Arbeitsblatt 8 (Seite 107 im Handbuch) eingesetzt werden.
Auf den Folien sind drei Zeichnungen zu sehen. KT sollen sich eine aussuchen und dazu eine Geschichte erfinden. KL kann die Zeitform (Präsens oder Perfekt) vorgeben.
KT arbeiten in Kleingruppen und schreiben eine Geschichte. Dabei sollen sie möglichst viele vorgegebene Verben benutzen und sich auf eines der Bilder beziehen.
Die Geschichten werden im Plenum vorgelesen oder auf ein größeres Blatt geschrieben und an die Wand gehängt.

Kapitel 4

Aufgabe 1: Im Büro (Seite 98/A1)
Wortschatz: Teile eines Computers, einige Bürogegenstände
Grammatik: Regeln zur Artikelbestimmung

Auf der Folie ist ein Büro abgebildet. KT sollen die dargestellten Gegenstände benennen: Wer ein Wort weiß, geht zum Board und beschriftet die Gegenstände mit der Stift-Funktion.
Anschließend können die Regeln zur Artikelbestimmung wiederholt und evtl. erweitert werden (Maschinen und Geräte auf *-er* sind immer maskulin usw.).

[W] KT können in Kleingruppen passende Tätigkeiten zu den Geräten sammeln, z. B.: *Mit dem Drucker kann man Dokumente drucken.* Die Sätze werden im Plenum vorgelesen und korrigiert.

Aufgabe 2: Welche Präposition fehlt? (Seite 102 oben)
Wortschatz: Alltagstätigkeiten
Grammatik: Zeitangaben, Perfekt

Auf der Folie stehen fünfzehn Zeitangaben. KT sollen zuerst die fehlenden Präpositionen ergänzen und die Regeln zum Gebrauch der Präpositionen bestimmen: Wer eine Präposition weiß, geht zum Board und schreibt sie in die entsprechende Lücke oder KL schreibt die Wörter auf die Folie.

[W] Danach können KT Kurzinterviews mit zwei bis drei Personen führen, um herauszufinden, was die Gesprächspartnerin/der Gesprächspartner zu einem gewissen Zeitpunkt gemacht hat. Das Gerüst der Frage kann immer gleich sein, z. B.: *Was hast du (am Freitag/im Juni) gemacht?* (KT können selbst bestimmen, welche Zeitangabe sie im Satz benutzen.) Die Befragten beantworten die Frage oder sagen: *Es tut mir leid, aber ich kann mich nicht mehr daran erinnern.*
Variante: Die Aufgabe kann auch nach der Behandlung der indirekten Fragestellung durchgeführt werden. In diesem Fall können KT sich folgendermaßen Fragen stellen: *Erinnerst du dich noch, was du (am Freitag/im Juni) gemacht hast?*
Nach zwei bis drei Runden wird die Diskussion beendet. Anschließend schreiben KT einige Antworten auf, die sie von den anderen Gesprächspartnern gehört haben.
Die Antworten werden im Plenum vorgelesen und überprüft.

Aufgabe 3: Wissen Sie das? (Seite 112–113/A27)
Wortschatz: Informationen erfragen
Grammatik: Wortstellung in indirekten Fragen

Diese Aufgabe dient zum Üben der Wortstellung in indirekten Fragen. Auf der Folie stehen fünf direkte Fragen, die KT zuerst umformen müssen. Diese Aufgabe kann im Plenum gelöst werden. Durch einen Klick auf die Lücken erscheinen die indirekten Fragen.
Danach gehen KT durch den Kursraum und stellen sich indirekte Fragen, z. B.: *Wissen Sie, ob man irgendwo in der Nähe einen guten Kaffee trinken kann?* Die Gesprächspartnerin/Der Gesprächspartner reagiert entsprechend und stellt eine andere Frage. Dann suchen KT eine andere Gesprächspartnerin/einen anderen Gesprächspartner und stellen ihr/ihm ihre nächste Frage.
Nach vier bis fünf Runden wird das Spiel beendet und im Plenum eine kurze Zusammenfassung der interessantesten Informationen gegeben.

Aufgabe 4: Ihre Frage ist meine Frage (Seite 123/C8)

Wortschatz: Tätigkeiten
Grammatik: Fragen und Antworten mit Verben mit präpositionalem Kasus, Konjugation im Perfekt und im Präsens

[1] [2] Diese Übung eignet sich zum Üben der Verben mit präpositionalem Kasus. Die Folie zeigt die Verben aus der Übersicht von Seite 123 im Kursbuch. Zuerst sollen KT die passende Präposition und den Kasus ergänzen: Wer ein Verb einer Gruppe zuordnen kann, geht zum Board und trägt die Lösung in der Tabelle ein. Danach soll jede/jeder KT schriftlich mit einem Verb eine Frage formulieren. Diese Frage wird sie/er in der ersten Gesprächsrunde einer/einem anderen KT stellen. (Es empfiehlt sich, gleich am Anfang zu entscheiden, wer mit welchem Verb seine Frage schreibt.) In lernstarken Gruppen kann KL auch einige zusätzliche Regeln geben, z. B. kann sie/er bestimmen, welche Zeitform KT gebrauchen müssen, ob der Satz eine Orts- und/oder Zeitangabe enthalten soll usw.
KL geht im Kursraum herum und korrigiert die Sätze. Anschließend schreiben KT ihren eigenen (korrekten) Satz auf eine kleine Karte.
Bei den folgenden Gesprächsrunden spazieren KT im Klassenraum und stellen jemandem in der Gruppe ihre Frage. Die Gesprächspartnerin/Der Gesprächspartner antwortet und stellt dann ihre/seine Frage. Nach jeder Gesprächsrunde werden der Partnerin/dem Partner die Karten mit den Fragen weitergegeben. In der nächsten Runde stellt also jede/jeder KT die Frage, die sie/er in der vorherigen Runde beantwortet hat. KL kann KT auffordern, die Fragen möglichst nicht vorzulesen, sondern aus dem Gedächtnis zu stellen. Zum Schluss werden die interessantesten Informationen im Plenum vorgestellt.

Kapitel 5

Aufgabe 1: Hotel und Reisen (Seite 132/vor A1)

Wortschatz: Zusammengesetzte Wörter zum Thema *Urlaub*
Grammatik: Kein besonderer Schwerpunkt

Diese Aufgabe dient zur Einführung einiger zusammengesetzter Nomen zu Aufgabe A1 (Seite 132), daher kann sie am besten vor dieser Übung eingesetzt werden. KT sollen mithilfe der Vorgaben zusammengesetzte Wörter zum Thema *Hotelausstattung und Reisen* bilden.
KL kann die Lösungen auf der rechten Seite der Folie durch einen Klick auf die Lücken erscheinen lassen. Anschließend können die Lesetexte in Aufgabe A1 behandelt werden.

Aufgabe 2: Welches Nomen passt? (Seite 133/A3)

Wortschatz: Tätigkeiten im Urlaub
Grammatik: Nomen-Verb-Verbindungen

[1] [2] Mithilfe dieser Aufgaben können KT ihren Wortschatz rund um das Thema *Urlaub* vertiefen. Zuerst sollen KT nach möglichst vielen passenden Nomen suchen. Die Nomen werden im Plenum gesammelt. Anschließend können Lösungsvorschläge durch einen Klick auf die Lücken angezeigt werden. Auf diese Weise haben KT für die nächste Aufgabe eine entsprechende Auswahl an Nomen.
Danach kann KL die folgenden Fragen stellen: *Was machen Sie normalerweise im Urlaub? Was machen Sie nie?* KT führen Kurzinterviews oder beantworten die Fragen im Plenum. In dieser Runde sollen sie nur Tätigkeiten, die auf den Folien enthalten sind, auswählen und damit Sätze bilden.

[W] Zum Schluss können KT im Plenum einige Sätze darüber formulieren, was sie im letzten Urlaub gemacht haben. Hier können selbstverständlich auch andere Nomen und Verben verwendet werden.

Aufgabe 3: Eine Ansichtskarte aus … (Seite 136/A9)

Wortschatz: Urlaub
Grammatik: Lokale Präpositionen

Bei dieser Aufgabe sollen KT einander Ansichtskarten schreiben. Auf der Folie sind drei Fotos zu sehen. Jede/Jeder KT soll sich ein Foto auswählen und der linken Nachbarin/dem linken Nachbarn eine Ansichtskarte schreiben, als wäre sie/er gerade am abgebildeten Ort im Urlaub. (Die Ansichtskarten können KT auch als Hausaufgabe schreiben, so kann KL sie vor der nächsten Unterrichtsstunde korrigieren.)
Die Ansichtskarten werden den Adressaten gegeben. KT können dann (als Rollenspiel) weitere Details über ihren fiktiven Urlaub erzählen.
Die interessantesten Informationen werden im Plenum vorgestellt.

[W] Als Hausaufgabe können KT mit einer kurzen Antwort auf die Ansichtskarte reagieren.

Aufgabe 4: Was nehmen Sie mit? (Seite 136/A9)

Wortschatz: Ländernamen, Gebrauchsgegenstände
Grammatik: Die lokalen Präpositionen *nach, in, an, auf* und *zu*, Akkusativ, Konjunktiv II

In dieser Aufgabe sollen KT verschiedene geografische Namen und die dazugehörenden lokalen Präpositionen üben. Auf der Folie stehen als Vorgabe acht Gegenstände bzw. Kleidungsstücke. KT arbeiten allein und sammeln möglichst viele Orte (Länder, geografische Namen), wohin sie diese Gegenstände bzw. Kleidungsstücke unbedingt mitnehmen würden.
Anschließend werden im Plenum Sätze mit den geografischen Bezeichnungen und den Gegenständen/Kleidungsstücken gebildet (s. Beispiele auf der Folie).
Das Spiel geht so lange, bis KT mit allen Gegenständen einen Satz gebildet haben.
Anschließend kann KL die folgenden Fragen stellen: *Waren Sie schon mal in einem dieser Länder? Was muss man dorthin noch mitnehmen? Was kann man als Souvenir/Geschenk aus diesem Land mitbringen?*
KT diskutieren in Kleingruppen oder im Plenum und vergleichen ihre Erfahrungen.

Aufgabe 5: Verkehrsdurchsagen (Seite 139/A15)

Wortschatz: Verkehrsmittel und Verkehrsdurchsagen
Grammatik: Kein besonderer Schwerpunkt

Mit dieser Aufgabe können KT ihren Wortschatz rund um das Thema *Verkehrsmittel* erweitern.

[1] In Teil eins sollen sie die Vorgaben den passenden Verkehrsmitteln zuordnen. Wer ein Wort zuordnen kann, geht zum Board und schreibt es in die richtige Spalte.
Dann können KT weitere Wörter sammeln und diese zusätzlich in der Tabelle eintragen.

[2] Im zweiten Teil werden die Wörter im Kontext geübt: KT sollen sie in drei Verkehrsdurchsagen (die Transkriptionen von drei Durchsagen aus Aufgabe A15, Seite 139) ergänzen. Am Ende erscheinen die Lösungen durch einen Klick auf die Lücken.

Kapitel 6

Aufgabe 1: Wie bildet man den Superlativ? (Seite 163/A4)

Wortschatz: Tiere und ihre Eigenschaften
Grammatik: Superlativ

Mithilfe dieser Übungen können KT die Regeln zur Bildung des Superlativs selbst erarbeiten. Die Lösungen erscheinen durch einen Klick auf die Lücken.

[1] Im ersten Teil der Aufgabe sind Adjektive aufgelistet. Alle Adjektive stehen im Superlativ, KT sollen die Grundform bilden. Schon in diesem Teil können KT die Grundregeln zur Bildung des Superlativs formulieren.

[2] In Teil zwei sollen KT in Kleingruppen oder im Plenum die Regeln zur Bildung des Superlativs ausführlich erarbeiten. KL kann die Regeln noch einmal zusammenfassen.

[3] Im dritten Teil sollen KT Sätze mit ähnlicher Bedeutung bilden. Diese Übung kann helfen, den Unterschied zwischen dem Gebrauch des Adjektivs als Teil des Prädikats und als Attribut *(am gefährlichsten/das gefährlichste Tier)* zu verdeutlichen.

Aufgabe 2: Ein Gruppenfoto (Seite 169/A18)

Wortschatz: Personenbeschreibung
Grammatik: Adjektivdeklination

Mithilfe dieser Aufgabe sollen KT Adjektive zur Personenbeschreibung lernen und üben. Auf der Folie ist ein Gruppenfoto zu sehen. Eine/Ein KT beginnt das Spiel, indem sie/er jemanden auf dem Foto beschreibt, ohne zu sagen, um wen es sich handelt. Wenn eine andere/ein anderer KT weiß, welche Person beschrieben wird, geht sie/er zum Board und zeigt sie. In der nächsten Runde soll sie/er eine Person beschreiben. Das Spiel geht so lange, bis jede/jeder KT eine Person beschrieben hat.

Aufgabe 3: Auf dem Schulhof (Seite 175/A30)

Wortschatz: Alltagstätigkeiten, Personenbeschreibung
Grammatik: Relativsätze

Diese Aufgabe eignet sich zur Vertiefung der Relativpronomen. Die Folie zeigt die Zeichnung eines Schulhofs. KT sollen in Partnerarbeit möglichst viele Relativsätze zu dem Bild finden und eventuell notieren, z. B.: *Der Schüler, der (gerade) ein Brötchen isst, spricht mit seinem Freund.* KL kann einige wichtige und möglicherweise unbekannte Wörter an die Tafel schreiben (*Schultasche, Ball, schwitzen* usw.). Die Relativsätze werden im Plenum vorgetragen und korrigiert.

Kapitel 7

Aufgabe 1: Unser Haus (Seite 193/A3)

Wortschatz: Teile einer Wohnung, Wiederholung der Bezeichnungen für Möbelstücke, Hausarbeit und Tätigkeiten im Haus
Grammatik: Lokale Präpositionen, Regeln zur Artikelbestimmung, Satzbau

Mithilfe dieser Aufgabe können KT ihren Wortschatz rund um das Thema *Wohnen* auffrischen. Auf der Folie ist ein Einfamilienhaus dargestellt. KT sollen zuerst die Teile des Hauses benennen: Wer ein Wort weiß, geht zum Board und beschriftet den Teil des Hauses mithilfe der Stift-Funktion.

Lösungen: Kinderzimmer, Arbeitszimmer, WC, Bad, Flur, Wohnzimmer, Kinderzimmer, Schlafzimmer, Balkon, Esszimmer, Küche, Vorratsraum

Danach bilden KT Kleingruppen. Jede Kleingruppe soll Bezeichnungen für Möbelstücke und Gegenstände sammeln, die sich in einem bestimmten Raum befinden. Zum Beispiel sammelt eine Gruppe Gegenstände und Möbel für die Küche, eine andere für das Wohnzimmer, eine dritte für das Bad usw. Dabei können KT das Wörterbuch benutzen bzw. auch Möbel und Gegenstände notieren, die nicht auf der Zeichnung zu sehen sind.
Die Wörter werden im Plenum vorgelesen und (evtl. nach Genus geordnet) im Heft notiert.

[W] Anschließend können KT im Plenum oder in Kleingruppen Tätigkeiten sammeln, die man in den verschiedenen Hausteilen ausführen kann. KL kann KT auffordern, die Verben im Heft zu notieren, da sie später (in Aufgabe A6, Seite 195 und Aufgabe A9, Seite 197) wieder verwendet werden können.

Aufgabe 2: Hätten Sie am Wochenende Zeit? (Seite 198/A11)

Wortschatz: Alltagstätigkeiten
Grammatik: *zu* + Infinitiv-Konstruktionen nach *Ich hatte (keine) Zeit …*

In dieser Aufgabe sollen KT den Gebrauch der *zu* + Infinitiv-Konstruktionen nach dem Ausdruck *Ich hatte (keine) Zeit …* üben. Mithilfe der Vorgaben sollen sie berichten, wofür sie letztes Wochenende (keine) Zeit hatten. KT führen in Kleingruppen kurze Gespräche und erstellen zwei Listen mit Tätigkeiten, für die mindestens eine Person in der Gruppe Zeit bzw. keine Zeit hatte. In lernstarken Gruppen kann auch ohne die Vorgaben gearbeitet werden.
Dann werden neue Kleingruppen gebildet: In jeder neuen Kleingruppe sollte jede frühere Gruppe durch mindestens ein Mitglied vertreten sein. KT vergleichen die Listen ihrer vorherigen Gruppen und besprechen die Gemeinsamkeiten und Unterschiede. Die interessanten Informationen werden im Plenum vorgestellt.

Aufgabe 3: Erlaubt oder verboten? (Seite 198/A10b)

Wortschatz: Tätigkeiten am Arbeitsplatz
Grammatik: *zu* + Infinitiv-Konstruktionen nach *Es ist erlaubt/verboten/möglich …*

In dieser Aufgabe sollen KT die *zu* + Infinitiv-Konstruktionen nach *Es ist erlaubt/verboten/möglich …* üben. Alle Teile können in Kleingruppen gelöst und die Ergebnisse im Plenum präsentiert werden. Zuerst sollen sich KT Fragen stellen, um herauszufinden, welche der aufgelisteten Tätigkeiten am Arbeitsplatz der Gesprächspartner erlaubt bzw. verboten sind.

[W] Als nächstes können KT weitere Tätigkeiten sammeln, die an ihrem Arbeitsplatz erlaubt oder verboten sind. Dann sollen die KT fünf bis zehn Ideen sammeln, was an einem idealen Arbeitsplatz erlaubt oder verboten sein sollte.
Zum Schluss stellt jede Gruppe ihre Ideen im Plenum vor. Die anderen Kleingruppen können Fragen stellen und ggf. um nähere Erläuterungen bitten.

Aufgabe 4: Ihre Meinung bitte! (Seite 198/A11)

Wortschatz: Alltagstätigkeiten, Vergleiche ziehen
Grammatik: Komparativ und Superlativ, *zu* + Infinitiv-Konstruktionen nach *Es ist leicht(er)/schwer(er)…*

Diese Aufgabe eignet sich gut zum Üben von *zu* + Infinitiv-Konstruktionen nach dem Ausdruck *Es ist leicht(er)/schwer(er) …*

[1] In Teil eins sind verschiedene Tätigkeiten aufgelistet: KT sollen sagen, ob sie diese leicht oder schwer finden. Dazu sollen sie sich Fragen stellen und ihre Antwort begründen (s. Modelldialog auf der Folie).
Die interessantesten Informationen werden im Plenum vorgestellt.

[2] Teil zwei kann auch in Kleingruppen gelöst werden. Diesmal sollen KT den Schwierigkeitsgrad verschiedener Tätigkeiten (die teilweise schon in Teil eins vorkamen) miteinander vergleichen. Dabei können sie wieder die Redemittel aus dem Modelldialog verwenden.

Die interessantesten Informationen werden im Plenum vorgestellt. In dieser Phase kann KL KT anregen, miteinander ins Gespräch zu kommen: Sie können sich Fragen stellen und/oder auf die Meinung der anderen reagieren.

Kapitel 8

Aufgabe 1: Nachrichten (Seite 223/A12)

Wortschatz: Nachrichten
Grammatik: Passiv Präsens

[1] [2] In dieser Aufgabe sollen KT einige Passivsätze zum Thema *Nachrichten* bilden. Die Folie enthält Ausdrücke aus Aufgabe A12 (Seite 223). KT arbeiten allein oder im Plenum und bilden mit den Vorgaben Passivsätze. Die Sätze werden im Plenum vorgelesen. Die Lösungen erscheinen durch einen Klick auf die Lücken.

Aufgabe 2: Umweltprobleme in Europa (Seite 225/A16)

Wortschatz: Umwelt
Grammatik: Konjugation, einige Nomen-Verb-Verbindungen

In dieser Aufgabe sollen KT ihren Wortschatz zum Thema *Umwelt* erweitern. Sie basiert auf dem Lesetext in Aufgabe A16 (Seite 225). Die Lösungen erscheinen durch einen Klick auf die Lücken.

[1] [2] In Teil eins sollen KT die fehlenden Verben ergänzen. Bevor die Aufgabe gelöst wird, kann KL KT auffordern, den Text im Kursbuch noch einmal sorgfältig zu lesen. Danach können die KT die Aufgabe in Kleingruppen lösen (evtl. als Wettbewerb).

[3] Im zweiten Teil stehen die Nomen-Verb-Verbindungen im Mittelpunkt. KT sollen jedem Nomen das passende Verb zuordnen. Die Aufgabe kann im Plenum gelöst werden.

[W] Als abschließende Übung könnte KL Nomen aus [3] nennen, KT ergänzen im Plenum passende Verben (ohne Folie).

Aufgabe 3: Erfindungen (Seite 228/A22)

Wortschatz: Geräte und Apparate
Grammatik: Passiv Präsens, Satzbau mit einem Modalverb

[1] [2] Mithilfe dieser Aufgabe sollen KT die Bezeichnungen einiger technischer Geräte und das Passiv Präsens üben. Auf den Folien sind die Zeichnungen der Erfindungen aus Aufgabe A22 (Seite 228) zu sehen. Zuerst sollen KT die Bezeichnungen ergänzen. Die Lösungen erscheinen durch einen Klick auf die Lücken. Anschließend beschreiben KT, wozu diese Geräte gebraucht werden. Eine/Ein KT umschreibt die Funktion eines Geräts mit einem Satz, z. B.: *Mit diesem Gerät kann man ein Foto machen./Mit diesem Gerät werden Fotos gemacht.* Eine andere/Ein anderer KT nennt die Bezeichnung und beschreibt ein anderes Gerät.
Als abschließende Übung kann KL KT auffordern, folgende Frage zu beantworten: *Wann haben Sie (Ihr erstes Handy/Ihren ersten Fernseher) gekauft?* KT suchen sich einen Gegenstand aus, über den sie berichten möchten, und erzählen (im Plenum oder in Kleingruppen) ihre Geschichte. Die Übung kann auch als schriftliche Hausaufgabe gegeben werden.

Pedro und Martina

Ergänzen Sie die Angaben zu Pedro und Martina.

Mein N....................(1) ist Pedro Gomez. Ich bin ....(2) Jahre alt. Ich komme aus Spanien. Mein G....................(3) ist Barcelona. Ich bin in Barcelona zur S....................(4) gegangen. Danach habe ich in Madrid B....................(5) studiert. 2015 habe ich mein S....................(6) mit dem M....................(7) abgeschlossen. Nach dem S....................(8) habe ich ein Jahr bei der F....................(9) Santos gearbeitet. 2016 bin ich nach München umgezogen. Ich habe in München eine S....................(10) beim Europäischen Patentamt bekommen. Dort a....................(11) ich als Patentprüfer. Ich muss viele P....................(12) lesen und Briefe an Patentanwälte schreiben.
Ich bin v....................(13) und wohne mit meiner F................(14) in einer kleinen W....................(15) im Zentrum von München. Die Wohnung ist sehr teuer. In meiner F....................(16) spiele ich Fußball oder lese F....................(17).

Ich heiße Martina K....................(1). Ich bin 24 Jahre alt und wohne in B....................(2). Ich bin in B....................(3) geboren und auch hier zur S....................(4) gegangen. Nach der Schule habe ich eine A........................(5) zur Kauffrau für B..............................(6) gemacht. Seit 2018 arbeite ich als B............................(7) bei KAKO. Ich muss viele E....................(8) lesen und schreiben, mit K....................(9) telefonieren und für verschiedene Kolleginnen und Kollegen T....................(10) vereinbaren. Ich bin noch l.................... und wohne bei meinen E....................(11). In meiner Freizeit lese ich gern. Manchmal gehe ich mit meinen F....................(12) ins K....................(13).

Haben Sie gestern …?

Bilden Sie Fragen.

- arbeiten: *Haben Sie gestern gearbeitet?*

1. E-Mails schreiben und beantworten: ……………………………………
2. mit Freunden/Kunden telefonieren: ……………………………………
3. Termine vereinbaren: ……………………………………
4. mit Kollegen ein Gespräch führen: ……………………………………
5. mit dem Auto fahren: ……………………………………
6. im Stau stehen: ……………………………………
7. einen Kurs besuchen: ……………………………………
8. ein Problem lösen: ……………………………………
9. Bücher/Zeitungen lesen: ……………………………………
10. ein Projekt präsentieren: ……………………………………
11. Musik hören: ……………………………………
12. einen Film sehen: ……………………………………
13. fernsehen: ……………………………………
14. lecker essen: ……………………………………
15. Bier trinken: ……………………………………
16. Essen kochen: ……………………………………
17. im Internet surfen: ……………………………………
18. Freunde besuchen: ……………………………………
19. Fußball spielen: ……………………………………

Finden Sie mindestens eine Person in der Gruppe, die vier aufeinanderfolgende Fragen (z. B. Frage 1–4, 2–5) mit *Ja* beantwortet. Vergessen Sie nicht, auch Ihre Lehrerin/Ihren Lehrer zu fragen!

Auf einer Party [A]

1. Sie sind Viviana/Claudio Bellini.
   Hier finden Sie Angaben zu Ihrer Person. Sprechen Sie mit den anderen Partygästen.

STECKBRIEF

Name:	Viviana/Claudio Bellini
Heimatland:	Italien
Muttersprache:	Italienisch
Fremdsprachen:	Englisch, Französisch, Spanisch
Wohnort:	Rom
Haustiere:	ein Hund
Wochenendprogramm:	Spanisch-Hausaufgaben machen
Uhrzeit:	21.00 Uhr
Sommerurlaub:	Frankreich
Kinder:	keine
Das trinken Sie:	Mineralwasser
In diesem Monat sind Sie geboren:	Januar
So sind Sie zur Party gekommen:	zu Fuß, allein
Lieblingsgericht:	alles
So gehen/fahren Sie zur Arbeit:	mit dem Bus
Das haben Sie in Ihrer Hand:	Sandwich
So geht es Ihnen:	gut
Studium/Ausbildung/Beruf:	Medizinstudium, Zahnärztin/Zahnarzt
Sie gehen nach der Party:	zu Ihrem Freund/Ihrer Freundin

2. Sie suchen die Antwort auf folgende Fragen.
   Sprechen Sie mit jedem Gast, denn manchmal gibt es Überraschungen!

   1. Wer kommt aus einer europäischen Hauptstadt?
      ....
   2. Wer hat einen Vogel als Haustier?
      ....
   3. Wer trifft sich am Wochenende mit Freunden oder Verwandten?
      ....
   4. Wie spät ist es?
      ....
   5. Wessen Uhr geht nach?
      ....

Auf einer Party [B]

1. Sie sind Ann/Anthony Smith.
Hier finden Sie Angaben zu Ihrer Person. Sprechen Sie mit den anderen Partygästen.

STECKBRIEF

Name:	*Ann/Anthony Smith*
Heimatland:	*USA*
Muttersprache:	*Englisch*
Fremdsprachen:	*Deutsch, Portugiesisch*
Wohnort:	*Pittsburgh*
Haustiere:	*zwei Katzen*
Wochenendprogramm:	*einen Reiseführer über China lesen*
Uhrzeit:	*9.00 Uhr*
Sommerurlaub:	*China*
Kinder:	*keine*
Das trinken Sie:	*Rotwein*
In diesem Monat sind Sie geboren:	*August*
So sind Sie zur Party gekommen:	*Bus, allein*
Lieblingsgericht:	*italienische Nudeln*
So gehen/fahren Sie zur Arbeit:	*zu Fuß*
Das haben Sie in Ihrer Hand:	*nichts*
So geht es Ihnen:	*sehr gut*
Studium/Ausbildung/Beruf:	*Portugiesischstudium, Portugiesischlehrer/Portugiesischlehrerin*
Sie gehen nach der Party:	*nach Hause, denn Sie müssen noch arbeiten*

2. Sie suchen die Antwort auf folgende Fragen.
Sprechen Sie mit jedem Gast, denn manchmal gibt es Überraschungen!

   1. Wer macht dort Urlaub, wo Sie auch Urlaub machen?
   ....
   2. Wer hat die meisten Kinder?
   ....
   3. Wer macht in Ihrem Heimatland Sommerurlaub?
   ....
   4. Welche Gäste sind im gleichen Monat geboren wie Sie?
   ....
   5. Wer hat so viele Kinder wie Sie?
   ....

Auf einer Party [C]

1. Sie sind Ulrike/Ulrich Lorre.
Hier finden Sie Angaben zu Ihrer Person. Sprechen Sie mit den anderen Partygästen.

STECKBRIEF

Name:	Ulrike/Ulrich Lorre
Heimatland:	Deutschland
Muttersprache:	Deutsch
Fremdsprachen:	Ungarisch, Polnisch
Wohnort:	Köln
Haustiere:	keine
Wochenendprogramm:	Ausflug in die Berge
Uhrzeit:	8.00 Uhr
Sommerurlaub:	Grand Canyon
Kinder:	zwei
Das trinken Sie:	Bier
In diesem Monat sind Sie geboren:	November
So sind Sie zur Party gekommen:	Auto, mit dem niederländischen und dem amerikanischen Gast
Lieblingsgericht:	Brathähnchen
So gehen/fahren Sie zur Arbeit:	Auto
Das haben Sie in Ihrer Hand:	Glas
So geht es Ihnen:	Sie haben Bauchschmerzen.
Studium/Ausbildung/Beruf:	Fachhochschule für Fremdenverkehr, Reiseleiter/in
Sie gehen nach der Party:	nach Hause

2. Sie suchen die Antwort auf folgende Fragen.
Sprechen Sie mit jedem Gast, denn manchmal gibt es Überraschungen!

   1. Wer arbeitet nicht?
   ....
   2. Wer bleibt nach der Party in dieser Wohnung?
   ....
   3. Wer hat keine Haustiere?
   ....
   4. Wem geht es nicht besonders gut?
   ....
   5. Wer liest gerade etwas? (Hilfe: Was haben die Gäste in ihren Händen?)
   ....

Auf einer Party [D]

1. Sie sind Mascha/Martin Rodermond.
   Hier finden Sie Angaben zu Ihrer Person. Sprechen Sie mit den anderen Partygästen.

STECKBRIEF

Name:	Mascha/Martin Rodermond
Heimatland:	Niederlande
Muttersprache:	Niederländisch
Fremdsprachen:	Deutsch, Russisch, Japanisch
Wohnort:	Den Haag
Haustiere:	Schlange
Wochenendprogramm:	eine Freundin in Bonn besuchen
Uhrzeit:	9.00 Uhr
Sommerurlaub:	China
Kinder:	drei
Das trinken Sie:	Cola
In diesem Monat sind Sie geboren:	August
So sind Sie zur Party gekommen:	Sie sind die Gastgeberin/der Gastgeber.
Lieblingsgericht:	Spaghetti
So gehen/fahren Sie zur Arbeit:	Straßenbahn
Das haben Sie in Ihrer Hand:	Ihre andere Hand
So geht es Ihnen:	Sehr gut, Ihr Kopf tut nicht mehr weh.
Studium/Ausbildung/Beruf:	Abitur, Verkäufer/in in einem Modegeschäft
Sie gehen nach der Party:	in eine Bar

2. Sie suchen die Antwort auf folgende Fragen.
   Sprechen Sie mit jedem Gast, denn manchmal gibt es Überraschungen!

   1. Welche Gäste auf dieser Party kommen nicht aus Deutschland?
      ....
   2. Welche Gäste sind zusammen gekommen?
      ....
   3. Wer fährt so zur Arbeit wie Sie?
      ....
   4. Wer geht zu Fuß zur Arbeit?
      ....
   5. Welche Gäste sind miteinander verheiratet?
      ....

Auf einer Party [E]

1. Sie sind Adriana/Adrian Sparks.
   Hier finden Sie Angaben zu Ihrer Person. Sprechen Sie mit den anderen Partygästen.

STECKBRIEF

Name:	Adriana/Adrian Sparks
Heimatland:	USA
Muttersprache:	Englisch
Fremdsprachen:	Niederländisch, Rumänisch
Wohnort:	New York
Haustiere:	zwei Hunde, ein Goldfisch
Wochenendprogramm:	nichts
Uhrzeit:	21.00 Uhr
Sommerurlaub:	Theaterfestival in Avignon
Kinder:	neun
Das trinken Sie:	Tee
In diesem Monat sind Sie geboren:	Juni
So sind Sie zur Party gekommen:	Auto, mit dem niederländischen und dem deutschen Gast
Lieblingsgericht:	Salat
So gehen/fahren Sie zur Arbeit:	gar nicht
Das haben Sie in Ihrer Hand:	Zigarette
So geht es Ihnen:	ganz gut
Studium/Ausbildung/Beruf:	Politologiestudium, arbeitslos
Sie gehen nach der Party:	zu Ulrike/Ulrich

2. Sie suchen die Antwort auf folgende Fragen.
   Sprechen Sie mit jedem Gast, denn manchmal gibt es Überraschungen!

   1. Wer spricht die meisten Sprachen?
      ....
   2. Gibt es eine Sprache, die nur Sie sprechen?
      ....
   3. Wer wohnt nicht in einer Hauptstadt?
      ....
   4. Wer ist krank? Was hat sie/er?
      ....
   5. Wer ist zu Fuß zur Party gekommen?
      ....

Auf einer Party [F]

1. Sie sind Laura/Conrad Scherer.
   Hier finden Sie Angaben zu Ihrer Person. Sprechen Sie mit den anderen Partygästen.

STECKBRIEF

Name:	Laura/Conrad Scherer
Heimatland:	Schweiz
Muttersprache:	Deutsch
Fremdsprachen:	Italienisch, Slowenisch, Englisch
Wohnort:	Bern
Haustiere:	Papagei
Wochenendprogramm:	ausschlafen
Uhrzeit:	Sie wissen es nicht.
Sommerurlaub:	Schwester in Kalifornien besuchen
Kinder:	zwei
Das trinken Sie:	Kaffee
In diesem Monat sind Sie geboren:	August
So sind Sie zur Party gekommen:	Taxi, allein
Lieblingsgericht:	Gulaschsuppe
So gehen/fahren Sie zur Arbeit:	Straßenbahn
Das haben Sie in Ihrer Hand:	Ihr Handy
So geht es Ihnen:	fantastisch
Studium/Ausbildung/Beruf:	Mittlere Reife und Handelsschule, Geschäftsführer/in
Sie gehen nach der Party:	Sie wissen es noch nicht.

2. Sie suchen die Antwort auf folgende Fragen.
   Sprechen Sie mit jedem Gast, denn manchmal gibt es Überraschungen!

   1. Wer hat ein Getränk in der Hand?
      ....
   2. Wer bleibt am Wochenende zu Hause?
      ....
   3. Ist jemand mit dem Taxi zur Party gekommen?
      ....
   4. Wer isst alles gern?
      ....
   5. Wessen Lieblingsgericht ist am gesündesten?
      ....

Auf einer Party [G]

1. Sie sind Claudine/Claude Bernard.
   Hier finden Sie Angaben zu Ihrer Person. Sprechen Sie mit den anderen Partygästen.

STECKBRIEF

Name:	Claudine/Claude Bernard
Heimatland:	Frankreich
Muttersprache:	Französisch
Fremdsprachen:	Deutsch
Wohnort:	Marseille
Haustiere:	30 Fische
Wochenendprogramm:	die Wohnung putzen
Uhrzeit:	21.00 Uhr
Sommerurlaub:	Sie haben im Sommer keinen Urlaub.
Kinder:	vier
Das trinken Sie:	Schnaps
In diesem Monat sind Sie geboren:	Oktober
So sind Sie zur Party gekommen:	U-Bahn, allein
Lieblingsgericht:	Hamburger
So gehen/fahren Sie zur Arbeit:	U-Bahn
Das haben Sie in Ihrer Hand:	Glas Schnaps
So geht es Ihnen:	nicht besonders gut
Studium/Ausbildung/Beruf:	Mittlere Reife und Schulzentrum für Krankenpflegende, Krankenpfleger/in
Sie gehen nach der Party:	Sie übernachten hier.

2. Sie suchen die Antwort auf folgende Fragen.
   Sprechen Sie mit jedem Gast, denn manchmal gibt es Überraschungen!

   1. Wer interessiert sich für Filme? (Hilfe: das Wochenendprogramm)
      ....
   2. Wer trinkt Alkohol?
      ....
   3. Wer hat auch Fische wie Sie?
      ....
   4. Welche zwei Personen haben das gleiche Lieblingsgericht?
      ....
   5. Mit wem können Sie Deutsch sprechen?
      ....

Auf einer Party [H]

1. Sie sind Maria/Mariusz Dobrowicz.
Hier finden Sie Angaben zu Ihrer Person. Sprechen Sie mit den anderen Partygästen.

STECKBRIEF

Name:	Maria/Mariusz Dobrowicz
Heimatland:	Polen
Muttersprache:	Polnisch
Fremdsprachen:	Deutsch, Litauisch
Wohnort:	Krakau
Haustiere:	keine
Wochenendprogramm:	zu den Eltern reisen
Uhrzeit:	Sie haben keine Uhr.
Sommerurlaub:	in die neue Wohnung umziehen
Kinder:	eine Tochter
Das trinken Sie:	nichts
In diesem Monat sind Sie geboren:	November
So sind Sie zur Party gekommen:	Taxi, mit Ihrer ungarischen Frau/Ihrem ungarischen Mann
Lieblingsgericht:	alle polnischen Fleischgerichte
So gehen/fahren Sie zur Arbeit:	Motorrad
Das haben Sie in Ihrer Hand:	Buch
So geht es Ihnen:	gut
Studium/Ausbildung/Beruf:	Mittlere Reife, Friseur/in
Sie gehen nach der Party:	nach Hause

2. Sie suchen die Antwort auf folgende Fragen.
Sprechen Sie mit jedem Gast, denn manchmal gibt es Überraschungen!

   1. Muss jemand am Wochenende arbeiten?
   ....
   2. Wer verbringt seinen Urlaub nicht in Europa?
   ....
   3. Wer wohnt in dieser Wohnung?
   ....
   4. Wer geht nach der Party noch aus? (in eine Bar oder Diskothek)
   ....
   5. Wer ist die Gastgeberin/der Gastgeber?
   ....

Auf einer Party [I]

1. Sie sind Irma/Imre Kis.
   Hier finden Sie Angaben zu Ihrer Person. Sprechen Sie mit den anderen Partygästen.

STECKBRIEF

Name:	Irma/Imre Kis
Heimatland:	Ungarn
Muttersprache:	Ungarisch
Fremdsprachen:	Englisch, Polnisch
Wohnort:	Krakau
Haustiere:	keine
Wochenendprogramm:	Amnesty International Filmfestival
Uhrzeit:	Sie wissen es nicht.
Sommerurlaub:	karitative Arbeit in Afrika, in die neue Wohnung umziehen
Kinder:	keine
Das trinken Sie:	Früchtetee
In diesem Monat sind Sie geboren:	Mai
So sind Sie zur Party gekommen:	Taxi, mit Ihrer polnischen Frau/Ihrem polnischen Mann
Lieblingsgericht:	ein polnisches Fleischgericht
So gehen/fahren Sie zur Arbeit:	Ihre Frau/Ihr Mann fährt Sie zur Arbeit.
Das haben Sie in Ihrer Hand:	nichts
So geht es Ihnen:	Sehr schlecht, Sie möchten nach Hause gehen.
Studium/Ausbildung/Beruf:	Abitur und Lehre, Friseur/in
Sie gehen nach der Party:	nach Hause

2. Sie suchen die Antwort auf folgende Fragen.
   Sprechen Sie mit jedem Gast, denn manchmal gibt es Überraschungen!

   1. Wer will wahrscheinlich telefonieren? (Hilfe: Was haben die Leute in der Hand?)

      ....

   2. Wer arbeitet viel mit dem Computer?

      ....

   3. Wem geht es (sehr) gut?

      ....

   4. Wem geht es besser als vor einigen Stunden?

      ....

   5. Wer kommt nicht aus einem europäischen Land?

      ....

Auf einer Party [J]

1. Sie sind Jelena/Danilo Vidaković.
   Hier finden Sie Angaben zu Ihrer Person. Sprechen Sie mit den anderen Partygästen.

STECKBRIEF

Name:	*Jelena/Danilo Vidaković*
Heimatland:	*Serbien*
Muttersprache:	*Serbisch*
Fremdsprachen:	*Englisch*
Wohnort:	*Belgrad*
Haustiere:	*fünf Katzen*
Wochenendprogramm:	*Sie arbeiten wahrscheinlich.*
Uhrzeit:	*Sie haben keine Uhr.*
Sommerurlaub:	*Kein Urlaub, Sie müssen arbeiten.*
Kinder:	*keine*
Das trinken Sie:	*Kaffee*
In diesem Monat sind Sie geboren:	*Juli*
So sind Sie zur Party gekommen:	*Sie wohnen im Moment hier.*
Lieblingsgericht:	*deutsche Leberwurst*
So gehen/fahren Sie zur Arbeit:	*Auto*
Das haben Sie in Ihrer Hand:	*eine serbische Zeitung*
So geht es Ihnen:	*gut*
Studium/Ausbildung/Beruf:	*Studium in Soziologie und Journalismus, Journalist/in*
Sie gehen nach der Party:	*zu einem Schauspieler (Sie machen noch ein Interview.)*

2. Sie suchen die Antwort auf folgende Fragen.
   Sprechen Sie mit jedem Gast, denn manchmal gibt es Überraschungen!

   1. Wer treibt wahrscheinlich viel Sport? (Hilfe: Wochenendprogramm)

      ....

   2. Wer bleibt im Sommer zu Hause?

      ....

   3. Wer muss nach der Party noch arbeiten? Was macht sie/er?

      ....

   4. Wer ist im Frühling geboren?

      ....

   5. Wer hat nur ein Kind?

      ....

Auf einer Party [K]

1. Sie sind Kerstin/Kurt Koch.
   Hier finden Sie Angaben zu Ihrer Person. Sprechen Sie mit den anderen Partygästen.

STECKBRIEF

Name:	Kerstin/Kurt Koch
Heimatland:	Österreich
Muttersprache:	Deutsch
Fremdsprachen:	keine
Wohnort:	Graz
Haustiere:	keine
Wochenendprogramm:	Das dürfen Sie nicht sagen.
Uhrzeit:	20.00 Uhr.
Sommerurlaub:	Das dürfen Sie nicht sagen.
Kinder:	drei Söhne
Das trinken Sie:	Fruchtsaft
In diesem Monat sind Sie geboren:	Dezember
So sind Sie zur Party gekommen:	allein, U-Bahn
Lieblingsgericht:	Apfelkuchen, Schokolade
So gehen/fahren Sie zur Arbeit:	zu Fuß
Das haben Sie in Ihrer Hand:	Ihr Handy
So geht es Ihnen:	ziemlich gut
Studium/Ausbildung/Beruf:	Polizeiakademie, Privatdetektiv/in
Sie gehen nach der Party:	Das dürfen Sie nicht sagen.

2. Sie suchen die Antwort auf folgende Fragen.
   Sprechen Sie mit jedem Gast, denn manchmal gibt es Überraschungen!
   1. Wer kommt aus einem Nachbarland Ihres Heimatlandes?
      ....
   2. Wessen Uhr geht genau?
      ....
   3. Wer kommt aus einem deutschsprachigen Land?
      ....
   4. Wer spricht eine asiatische Sprache?
      ....
   5. Wer mag Süßspeisen? (z. B. Kuchen, Schokolade)
      ....

Auf einer Party [L]

1. Sie sind Cristina/Pedro la Paz.
   Hier finden Sie Angaben zu Ihrer Person. Sprechen Sie mit den anderen Partygästen.

STECKBRIEF

Name:	*Cristina/Pedro la Paz*
Heimatland:	*Spanien*
Muttersprache:	*Spanisch*
Fremdsprachen:	*Chinesisch*
Wohnort:	*Hongkong*
Haustiere:	*zwei Hamster*
Wochenendprogramm:	*Sie wissen es noch nicht.*
Uhrzeit:	*Leider haben Sie keine Uhr.*
Sommerurlaub:	*Sie wissen es noch nicht.*
Kinder:	*keine*
Das trinken Sie:	*Apfelschorle*
In diesem Monat sind Sie geboren:	*März*
So sind Sie zur Party gekommen:	*Sie wohnen zurzeit hier.*
Lieblingsgericht:	*Pfannkuchen*
So gehen/fahren Sie zur Arbeit:	*Sie arbeiten zu Hause.*
Das haben Sie in Ihrer Hand:	*Teller*
So geht es Ihnen:	*ausgezeichnet*
Studium/Ausbildung/Beruf:	*Fachhochschule für Finanzen, Buchhalter/in*
Sie gehen nach der Party:	*Sie bleiben natürlich hier.*

2. Sie suchen die Antwort auf folgende Fragen.
   Sprechen Sie mit jedem Gast, denn manchmal gibt es Überraschungen!
   1. Wer arbeitet mit seinen Händen?
      ....
   2. Wer ist allein zur Party gekommen?
      ....
   3. Wer hat viele Geheimnisse? Warum?
      ....
   4. Sprechen alle Leute eine Fremdsprache?
      ....
   5. Wessen Lieblingsgericht ist Fleisch?
      ....

Reflexive Verben 1

Karte 1

Karte 2

Karte 3

Karte 4

Karte 5

Karte 6

Karte 7

Karte 8

Karte 9

Reflexive Verben 2

Karte 1	Karte 2	Karte 3	Karte 4
sich informieren über + *Akkusativ*	sich erinnern an + *Akkusativ*	sich waschen	sich interessieren für + *Akkusativ*
Karte 5	**Karte 6**	**Karte 7**	**Karte 8**
sich streiten mit + *Dativ*	sich vorstellen + *Dativ*	sich unterhalten mit + *Dativ*	sich ärgern über + *Akkusativ*
Karte 9	**Karte 10**	**Karte 11**	**Karte 12**
sich anziehen	sich duschen	sich beschweren über + *Akkusativ*	sich verlieben in + *Akkusativ*
Karte 13	**Karte 14**	**Karte 15**	**Karte 16**
sich freuen über + *Akkusativ*	sich beeilen	sich treffen mit + *Dativ*	sich erkälten

Kathrins Tagesablauf

Kathrin hat in A24 über ihren normalen Tagesablauf erzählt.
Was hat sie gestern gemacht? Finden Sie Unterschiede.

Samstag, 7. November

Gestern bin ich um 7.30 Uhr aufgestanden. Danach habe ich mich geduscht. Ich habe nichts gegessen, denn ich hatte keinen Hunger, ich habe nur einen Kräutertee getrunken. Ich bin mit dem Bus zur Arbeit gefahren, denn mein Auto ist kaputt. Um 9.00 Uhr hat meine Arbeitszeit begonnen. Ich habe meine Kollegen begrüßt, meinen Computer angeschaltet und meine E-Mails gelesen. Ich habe mich ein bisschen geärgert, weil ich mehr als 50 E-Mails beantworten musste!

Um 10.00 Uhr hatten wir eine Besprechung, dann habe ich bis 12.30 Uhr gearbeitet. Danach hatte ich bis 13.00 Uhr Mittagspause. Ich habe in der Kantine eine Suppe gegessen, aber sie hat mir nicht geschmeckt. Meine Kollegin Martina hat sich ein Brötchen mitgebracht und es gegessen.

Am Nachmittag habe ich wieder E-Mails gelesen, Rechnungen geschrieben und Termine vereinbart. Um 18.00 Uhr hatte ich Feierabend, ich bin dann schnell in den Supermarkt gegangen und habe Bratfisch und Salat gekauft. Den Fisch habe ich zum Abendbrot gekocht. Danach habe ich eine Politiksendung im Fernsehen gesehen, denn ich interessiere mich für Politik. Um 22.30 Uhr bin ich zu Bett gegangen.

Beispiel: *Normalerweise frühstückt Kathrin um 8.00 Uhr, aber gestern hat sie nicht gefrühstückt …*

Wessen Gegenstände sind das?

Beispiel: *Das ist der Koffer deiner Kollegin. Das sind die Briefmarken …*

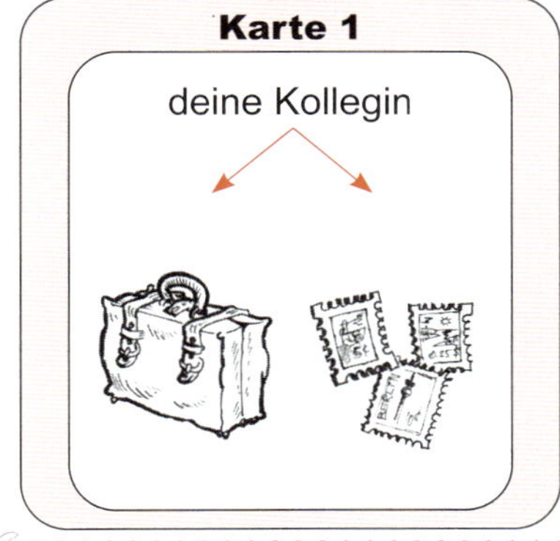

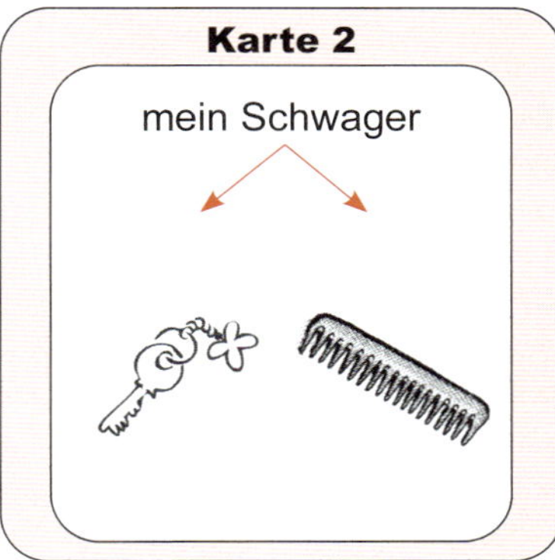

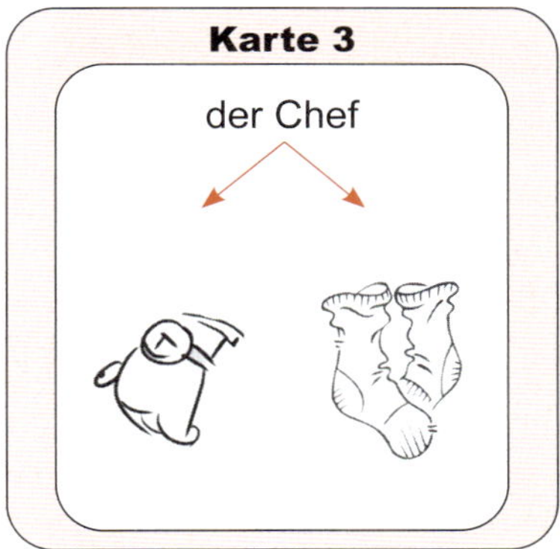

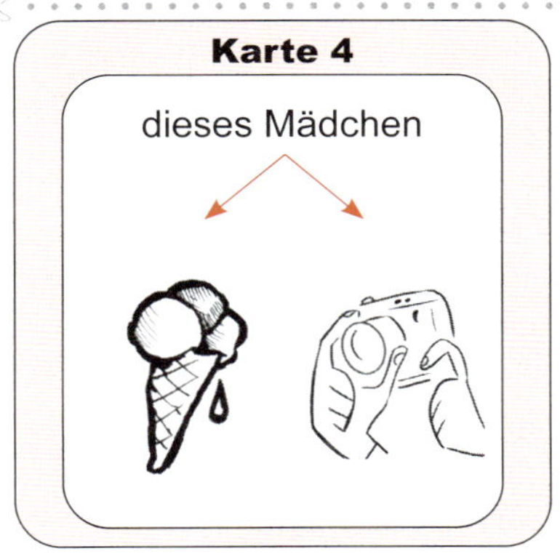

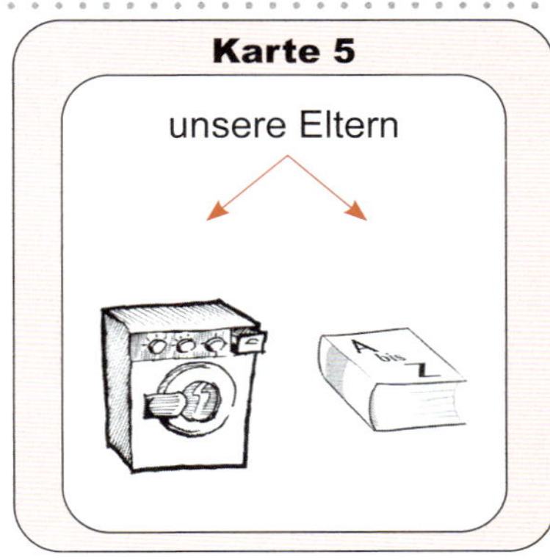

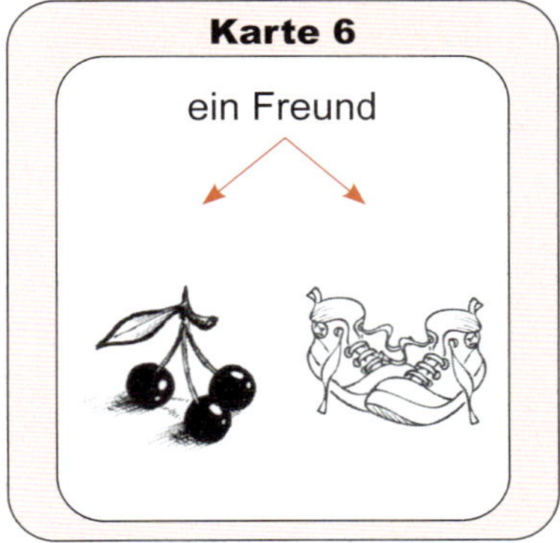

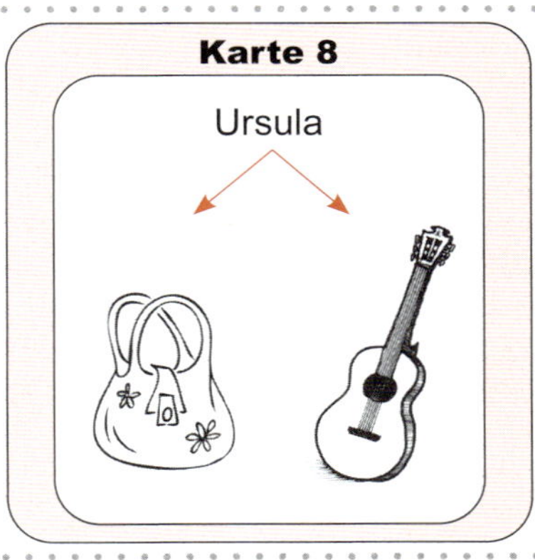

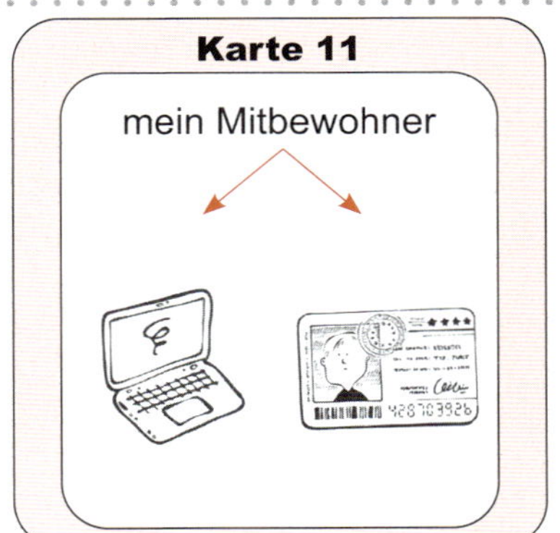

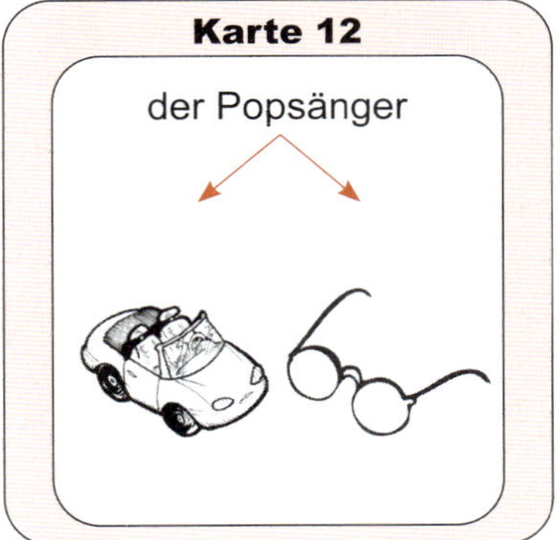

Grammatik- und Wortschatztraining

1. Ergänzen Sie die fehlenden Endungen.

Kasus	maskulin		feminin		neutral		Plural	
Nominativ	*der* ein –	Schüler Schüler	d......... ein.........	Schule Schule	d......... ein.........	Buch Buch	d......... mein.........	Diplome Diplome
Akkusativ	d......... ein.........	Schüler Schüler	d......... ein.........	Schule Schule	d......... ein.........	Buch Buch	d......... mein.........	Diplome Diplome
Dativ	d......... ein.........	Schüler Schüler	d......... ein.........	Schule Schule	d......... ein.........	Buch Buch	d......... mein.........	Diplome...... Diplome......
Genitiv	d......... ein.........	Schüler...... Schüler......	d......... ein.........	Schule Schule	d......... ein.........	Buch...... Buch......	d......... mein.........	Diplome Diplome

2. Bilden Sie mit fünf Verben Sätze über sich.

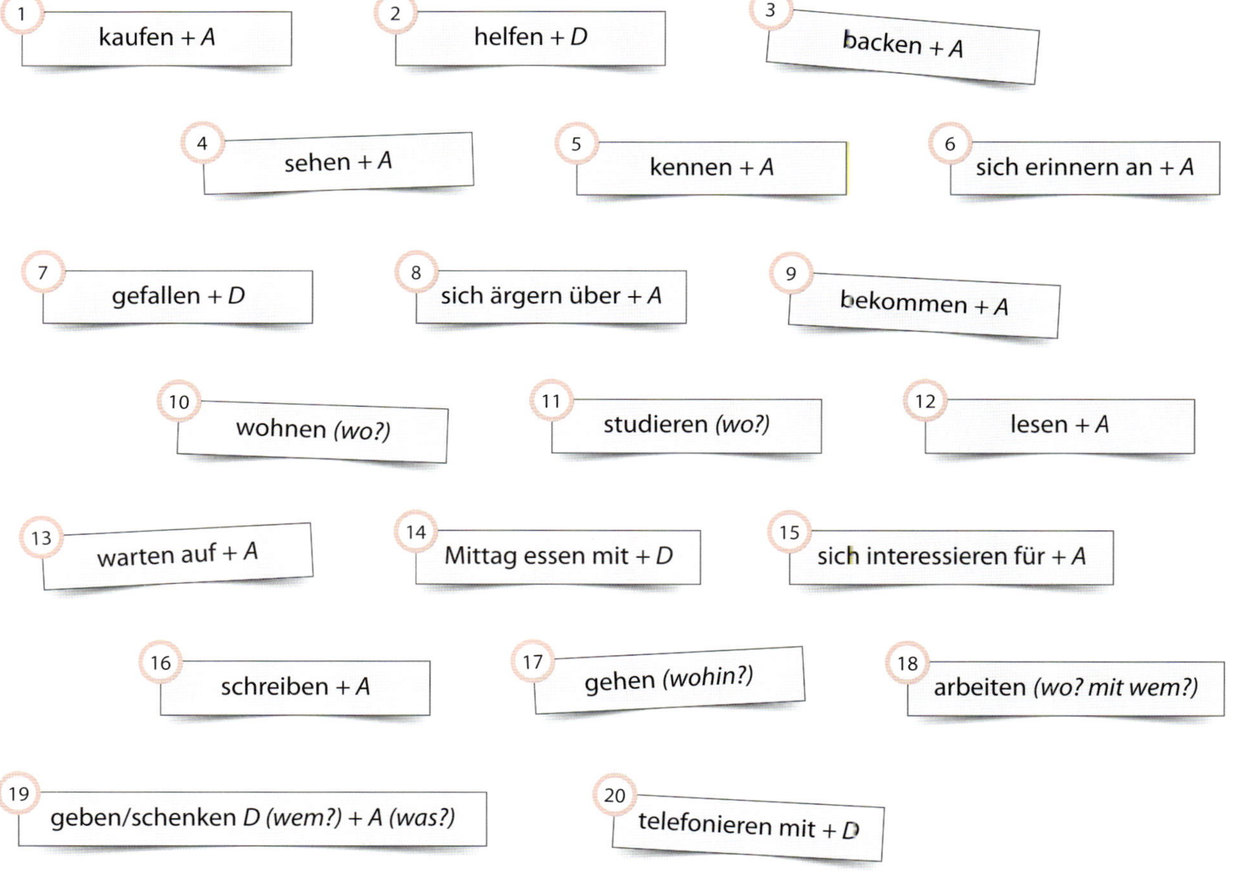

Beispiel: *Ich kaufe selten/oft neue Schuhe.*
In meiner Kindheit habe ich in einer Kleinstadt gewohnt. ...

Wiederholungstest

1. Beantworten Sie die folgenden Fragen mit einem ganzen Satz.
   1. Was machen Sie in Ihrer Freizeit?

      ....

   2. Wo wohnen Sie?

      ....

   3. Welche Ausbildung haben Sie abgeschlossen?

      ....

   4. Wo arbeiten/studieren Sie?

      ....

   5. Was müssen Sie bei der Arbeit machen?

      ....

.... /10 Punkte

2. Was machen diese Leute auf Arbeit? Schreiben Sie jeweils einen Satz.
   1. Ärztin: *Eine Ärztin* ....
   2. Deutschlehrer: ....
   3. Kellnerin: ....
   4. Koch: ....
   5. Assistentin: ....

.... /10 Punkte

3. Peter Schmidts Lebenslauf. Bilden Sie Sätze im Perfekt.

   1988–1992: auf das Gymnasium gehen

   ....

   1992: das Abitur machen

   ....

   1992–1996: an der Humboldt-Universität Chemie studieren

   ....

   Juli 1995–August 1995: als Praktikant bei Bayer arbeiten

   ....

   1996: eine Stelle als Chemiker bei General Electric bekommen

   ....

.... /10 Punkte

4. Ergänzen Sie die Reflexivpronomen.

1. Ich erinnere .... nicht gern an meine Schulzeit.
2. Du musst .... beeilen, sonst verpassen wir den Zug!
3. Herr Kutscher, haben Sie .... der Direktorin schon vorgestellt?
4. Kathrin und Moritz streiten .... jeden Tag.
5. Freut ihr .... über die schönen Geschenke?
6. Meine Kollegen interessieren .... für die japanische Kultur.
7. Kinder, zieht .... schnell an, wir müssen gehen!
8. Gestern Abend haben wir .... lange über unsere Schulzeit unterhalten.

.... /8 Punkte

5. Ergänzen Sie die Endungen in der richtigen Form.

1. Ich muss heute mit mein*er* Tochter und mein......... Sohn telefonieren.
2. Dies......... Computerproblem kann ich leider nicht lösen.
3. Er hat d......... E-Mail an d......... falsche Adresse gesendet.
4. Fährst du mit d......... Auto nach Polen?
5. Karl hat sich in sein......... neu......... Kollegin verliebt.
6. Ich möchte ein......... Termin vereinbaren.
7. Rudi mietet ein......... Wohnung in d......... Bismarckstraße.
8. D......... Familie mein......... Mannes ist sehr groß.

.... /12 Punkte

Insgesamt: .... /50 Punkte

Prüfungsvorbereitung *Goethe-Zertifikat A2*

Prüfungsteil: Sprechen Teil 1

1. Stellen Sie sich vor. Geben Sie dabei folgende Informationen:

- Name
- Heimatland und aktueller Wohnort
- Familienstand
- Studium
- Muttersprache und Fremdsprache(n)
- Beruf und Hobby(s)
- Kurzer Tagesablauf

2. Sie verstehen die Antwort nicht. Was fragen Sie?

Name:	*Wie bitte? Wie heißen Sie?*
Heimatland:	....?
Wohnort:	....?
Muttersprache:	....?
Fremdsprachen:	....?
Beruf:	....?
Hobby:	....?
Tagesablauf:	....?
Tagesablauf von gestern:	....?

Wie verbringen Sie Ihre Freizeit?

1. Diskutieren und beantworten Sie die Fragen in Kleingruppen.
   1. Womit verbringen Sie Ihre Freizeit am liebsten?
      a) ☐ Ich kaufe gern ein.
      b) ☐ Meistens treibe ich Sport.
      c) ☐ Ich lese ein gutes Buch in meinem Lieblingssessel.
      d) ☐ oder: ....
   2. Sie haben heute frei. Was machen Sie am Morgen?
      a) ☐ Ich stehe früh auf und plane meinen Tag ganz genau.
      b) ☐ Ich schlafe bis 11 Uhr, dann esse ich ein großes Frühstück in einem Café.
      c) ☐ Ich mache zuerst Yoga-Übungen oder gehe joggen.
      d) ☐ oder: ....
   3. Welche Freizeitbeschäftigung wählen Sie spontan?
      a) ☐ Sport
      b) ☐ Lesen oder Musik hören
      c) ☐ Kino oder Fernsehen
      d) ☐ oder: ....
   4. Verbringen Sie Ihre Freizeit lieber allein oder mit Freunden?
      a) ☐ Ich verbringe meine Freizeit nie allein, denn das macht mir keinen Spaß! Ich lerne gern neue Leute kennen.
      b) ☐ Ich treffe mich meistens mit meinen besten Freunden.
      c) ☐ Ich bin sehr gerne allein, dann habe ich meine Ruhe.
      d) ☐ oder: ....
   5. Sie haben schon am frühen Nachmittag Feierabend, wie verbringen Sie den restlichen Tag?
      a) ☐ Ich fahre nach Hause und schalte den Fernseher an.
      b) ☐ Ich treffe mich mit einer Freundin oder einem Freund in der Stadt.
      c) ☐ Ich gehe natürlich ins Fitnessstudio, ins Schwimmbad oder auf den Fußballplatz.
      d) ☐ oder: ....
   6. Freitagabend nach der Arbeit sind Sie ziemlich müde. Was machen Sie?
      a) ☐ Ich treffe mich mit meinen Freunden, denn das ist für mich die beste Erholung.
      b) ☐ Ich schlafe ein Stündchen, dann gehe ich ins Kino oder ins Theater.
      c) ☐ Ich unternehme lieber morgen etwas, heute Abend bin ich zu müde.
      d) ☐ oder: ....

2. Stellen Sie Ihrer Gesprächspartnerin/Ihrem Gesprächspartner ein eintägiges Freizeitprogramm in Ihrer Heimatstadt zusammen.

Was kann man …?

Was darf/muss/soll/kann/will man an diesen Orten tun?
Ordnen Sie die Verben zu und sammeln Sie weitere Ausdrücke.

viel Geld für … *(A)* ausgeben ▪ für … *(A)* zahlen ▪ … *(A)* kaufen ▪ … *(A)* spielen ▪ … *(A)* besuchen ▪ … *(A)* bewundern ▪ … *(A)* tragen ▪ … *(A)* essen ▪ … *(A)* bestellen ▪ arbeiten ▪ lernen ▪ … *(A)* lesen ▪ sich über … *(A)* ärgern ▪ sich über … *(A)* freuen ▪ in … *(A)* gehen ▪ sich über … *(A)* informieren ▪ … *(A)* trinken ▪ … *(A)* kennenlernen ▪ mit … *(D)* sprechen ▪ mit … *(D)* fahren ▪ … *(A)* bekommen

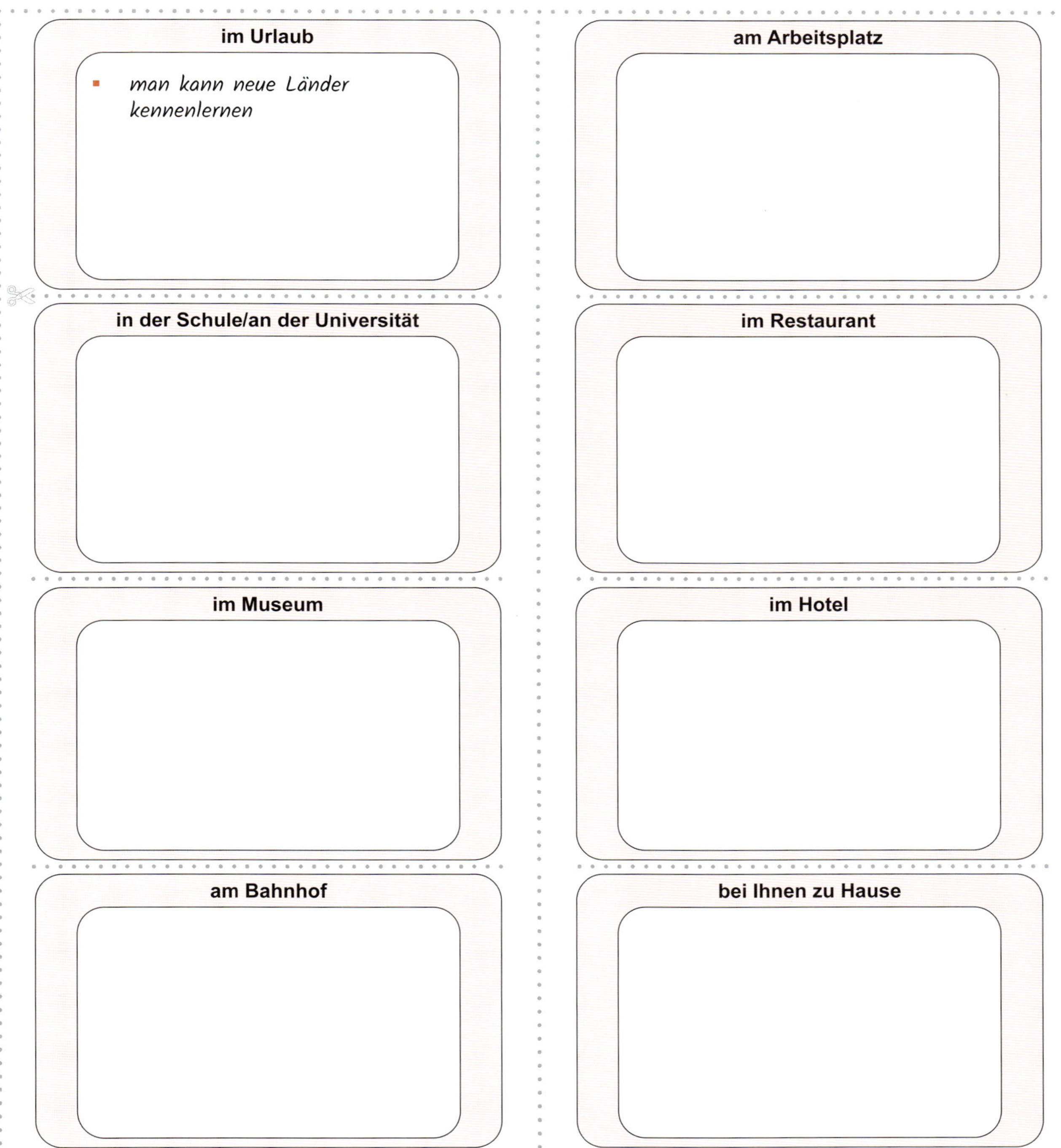

Das Präteritum der Modalverben

1. Ergänzen Sie das Präteritum der Modalverben.

	können	müssen	sollen	wollen	dürfen	mögen
ich	…………	…………	…………	…………	…………	…………
du	…………	*musstest*	…………	…………	…………	…………
er/sie/es	…………	…………	…………	…………	…………	…………
wir	…………	…………	…………	…………	…………	…………
ihr	…………	…………	…………	…………	…………	…………
sie/Sie	…………	…………	…………	…………	*durften*	…………

2. Peter erinnert sich an seine Kindheit. Bilden Sie Sätze.

- sich waschen
- nach 21.00 Uhr fernsehen
- mit Matchboxautos spielen
- sein Zimmer aufräumen
- Astronaut werden
- mit der Nachbarstochter sprechen
- lügen
- keine schlechten Noten bekommen
- Briefmarken sammeln
- …

3. Und Sie? Was durften/wollten … Sie in Ihrer Kindheit tun?

Mozarts Geburtshaus [A]

Lesen Sie den Text über Mozarts Geburtshaus. Ihre Nachbarin/Ihr Nachbar hat weitere Informationen. Diskutieren und notieren Sie sich die zusätzlichen Informationen.

Mozarts Geburtshaus

26 Jahre lang lebte hier die Familie Mozart. Ihre Wohnung bestand aus Küche, kleinem Kabinett, Wohn-, Schlaf- und Arbeitszimmer und lag im 3. Stock. Hier wurde am 27. Januar 1756 Johannes Chrysostomus Wolfgangus Theophilus geboren, besser bekannt als Wolfgang Amadeus Mozart.

Heute ist die Wohnung der Familie Mozart ein Museum. Man kann hier die Kindervioline des Musikgenies, seine Konzertvioline, sein Klavichord, Porträts und Briefe der Familie Mozart sehen.

Die Internationale Mozartstiftung eröffnete das Museum am 15. Juni 1880. Jedes Jahr besuchen Tausende Menschen das Geburtshaus des großen Komponisten. 1994 restaurierten Experten die Mozart-Wohnung. Das Museum ist jetzt sehr modern.

In der ersten Etage präsentiert die Internationale Stiftung Mozarteum jedes Jahr eine Sonderausstellung zum Thema „Mozart".

Informationen:
Getreidegasse 9
Tel.: +43 662 84 43 13
www.mozarteum.at

Das habe ich von meiner Nachbarin/meinem Nachbarn erfahren:

....

....

....

....

....

Mozarts Geburtshaus [B]

Lesen Sie den Text über Mozarts Geburtshaus. Ihre Nachbarin/Ihr Nachbar hat weitere Informationen. Diskutieren und notieren Sie sich die zusätzlichen Informationen.

Mozarts Geburtshaus

Im Haus Getreidegasse Nr. 9 in Salzburg wurde Wolfgang Amadeus Mozart geboren.
Insgesamt 26 Jahre lang wohnte die Familie Mozart im dritten Stock. Der Eigentümer, Johann Lorenz Hagenauer (1712–1792), war ein guter Freund der Familie Mozart.
Heute ist das Haus ein Museum. Man kann hier die Kindervioline von Mozart, seine Konzertvioline, sein Klavichord, Porträts und Briefe der Familie Mozart sehen.
In der Nachbarwohnung ist eine „Bürgerliche Wohnung in Salzburg zur Mozart-Zeit" eingerichtet. Neben Möbeln und Gegenständen kann man hier Informationen und Dokumente über drei Themen finden: „Mozart und die Salzburger Universität", „Mozarts Freundschaft zu Salzburger Familien" und „Kirchenmusik".
In der zweiten Etage gibt es eine Ausstellung zum Thema „Mozart auf dem Theater".

Öffnungszeiten:
Dienstag bis Sonntag (montags geschlossen)
von 9.00 bis 17.30 Uhr

Das habe ich von meiner Nachbarin/meinem Nachbarn erfahren:

....

....

....

....

....

Quiz

1. Diskutieren Sie in Zweiergruppen und beantworten Sie die Quizfragen.

   1. Kolumbus entdeckte Amerika
      a) ☐ 1492. b) ☐ 1592. c) ☐ 1692.

   2. Thomas Alva Edison erfand unter anderem
      a) ☐ die Laterna Magica. b) ☐ die Glühlampe. c) ☐ den Fotoapparat.

   3. Beethoven schrieb .... vollendete Sinfonien.
      a) ☐ 8 b) ☐ 9 c) ☐ 10

   4. Mozart (1756–1791) komponierte seine erste Oper
      a) ☐ 1768 mit 12 Jahren. b) ☐ 1770 mit 14 Jahren. c) ☐ 1772 mit 16 Jahren.

   5. Albert Einstein wohnte den größten Teil seines Lebens (fast 40 Jahre)
      a) ☐ in den USA. b) ☐ in der Schweiz. c) ☐ in Deutschland.

   6. Albert Schweitzer bekam den Nobelpreis für
      a) ☐ Frieden. b) ☐ Medizin. c) ☐ Chemie.

   7. Sigmund Freud war
      a) ☐ Deutscher. b) ☐ Schweizer. c) ☐ Österreicher.

2. Verwenden Sie bei Ihren Antworten jetzt die Perfektformen.

   Kolumbus hat Amerika … entdeckt.

1.a
2.b
3.b
4.a
5.c
6.a
7.c

Welche Wörter fehlen? [1]

1. **Grounding (Regie: Michael Steiner)**

   Der Untergang der Swissair am 2. .... 2001 hat in der .... Nationalgeschichte geschrieben. Der Film arbeitet mit Dokumentar- und Spielfilmszenen und macht aus dem Bankrott der Schweizer .... ein spannendes ....

2. **Sommer vorm Balkon (Regie: Andreas Dresen)**

   Zwei Freundinnen, Katrin und Nike, wohnen in .... Es ist .... und sie verbringen ihre Zeit auf dem Balkon. Katrin und Nike beobachten die Menschen. Ob Jung oder Alt, alle fragen sich das Gleiche: Wie lange dauert die ....?
   Sommer vorm Balkon ist ein Film mit viel Wärme und ....
   Er gibt mal komische, mal tragische Antworten auf diese wichtige Frage.

3. **M – Eine Stadt sucht einen Mörder (Regie: Fritz Lang)**

   Berlin 1931 – eine Stadt in .... Ein psychopathischer .... lebt in der Stadt. Die .... sucht ihn seit ...., aber ohne Erfolg.
   Regisseur Fritz Lang ließ sich durch eine echte Mordserie in den Zwanzigerjahren zu diesem Film inspirieren. Experten wählten diesen Film 1995 zum wichtigsten deutschen Film des 20. Jahrhunderts.

4. **Auf der Suche nach Mozart (Regie: Phil Grabsky)**

   Die Musik von .... ist mehr als 200 Jahre alt und sie fasziniert immer noch die meisten Musiker. Dieser .... über den größten österreichischen Komponisten erzählt seine .... und zeigt Interviews mit berühmten Musikern. Der Film sucht eine Antwort auf die Frage: Woher kommt die Faszination von .... Musik?

5. **Bella Martha (Regie: Sandra Nettelbeck)**

   Martha ist .... in einem französischen .... in Norddeutschland. Sie ist schön, ledig, kinderlos und sie hat nur ein Interesse: das .... Aber eines Tages bringen ein kleines deutsches Mädchen und ein italienischer .... ihr Leben durcheinander.

Welche Wörter fehlen? [2]

Ich habe einen guten Film gesehen …

1. Ihre Freundin/Ihr Freund und ihre/seine Familie haben einen spannenden Film gesehen. Die Freudin/Der Freund erzählt Ihnen die Geschichte. Ergänzen Sie die Verben im Präteritum.

Teil A

bitten ▪ interessieren ▪ machen ▪ schreiben ▪ sein ▪ wissen ▪ wohnen ▪ wollen

Es *war* einmal ein armer Inder. Er .... in den Bergen in einem kleinen Haus. Er .... nicht mehr in Armut leben, darum .... er an einem Tag einen Brief an einen reichen und berühmten Engländer. Im Brief .... er ihn um Geld. (Der Engländer .... in dieser Zeit Yoga und .... sich sehr für Indien, und der Inder .... das.)

Teil B

antworten ▪ bekommen ▪ haben ▪ helfen ▪ müssen ▪ schicken ▪ sein ▪ sterben

Der Engländer .... ihm aber kein Geld. Er .... ihm Folgendes: Meditieren Sie! Die Meditation hilft! Der arme Inder .... über diese Antwort ganz unglücklich. Der Engländer .... ihm nicht, und er .... mit seiner Familie weiter arm leben! Aber einige Jahre später .... der Engländer. Da .... der Inder eine Idee und er .... viel Geld.

2. Die Freundin/Der Freund muss jetzt los und kann die Geschichte leider nicht zu Ende erzählen. Was meinen Sie? Welche Idee hatte der Inder?

3. Erzählen Sie die Geschichte im Perfekt. Einige Verben benutzt man auch hier im Präteritum.

Text nach: Lessons from Nothing, Cambridge University Press, 1998

In diesem Alter …

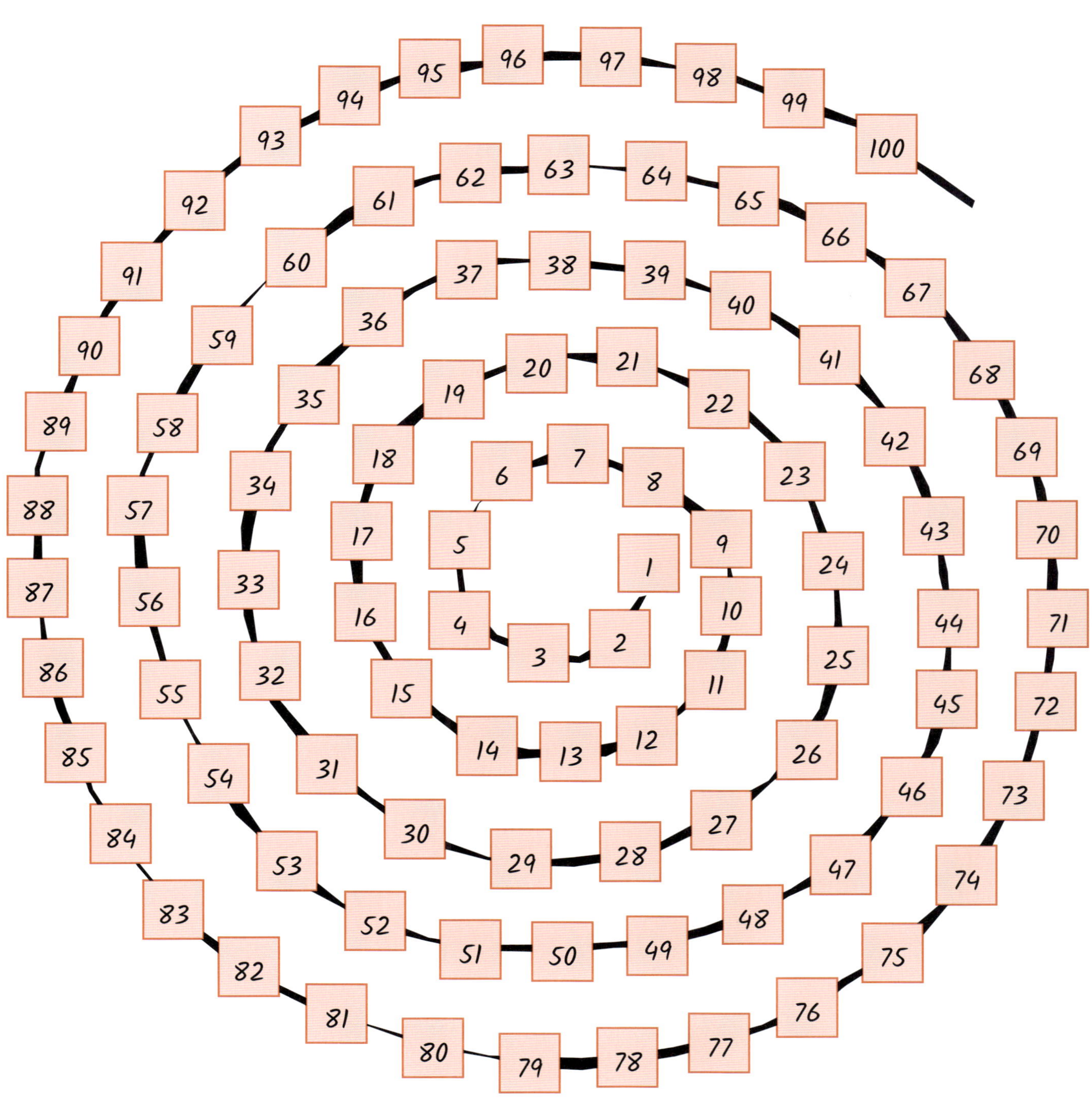

Wiederholungstest

1. Ergänzen Sie die Ausdrücke mit einem passenden Verb.

   1. Klavier ....
   2. einen Film ....
   3. im Internet ....
   4. Fremdsprachen ....
   5. in sozialen Netzwerken ....
   6. in der Sonne ....
   7. in ein Konzert ....
   8. Freunde ....
   9. eine Reise ....
   10. Sport ....

.... /10 Punkte

2. Ergänzen Sie die Modalverben in der richtigen Form.

   1. Letztes Wochenende .... ich leider arbeiten.
   2. Herr Meier, ... Sie Bridge spielen?
   3. Wir .... jetzt sofort weg. Unser Zug fährt in zehn Minuten!
   4. Entschuldigung, ... ich hier rauchen?
   5. Gestern .... ich dich anrufen, aber ich hatte keine Zeit.
   6. Mozart .... schon als Kind ausgezeichnet Klavier spielen.
   7. .... du noch eine Tasse Kaffee? – Ja, gerne.
   8. Mein Arzt sagt, mein Vater .... eine Diät machen.
   9. Meine Freunde .... heute Abend leider nicht in den Sprachkurs kommen.
   10. .... ihr am Wochenende wieder Ski fahren?

.... /10 Punkte

3. Schreiben Sie ein passendes Nomen mit Artikel im Nominativ.

   1. Das muss man an der Museumskasse kaufen: ....
   2. Das ist ein Sportgerät: ....
   3. Hier kann man arbeiten: ....
   4. So einen Film kann man im Kino sehen: ....
   5. Damit kann man Musik hören: ....
   6. Diese Person kann man in einem Krimi sehen: ....
   7. Damit kann man fotografieren: ....
   8. Ein Mensch, der Musik schreibt: ....
   9. Ein Mensch, der in Filmen spielt: ....
   10. Ein Musikinstrument: ....

.... /10 Punkte

4. Verneinen Sie die Sätze.
   1. Am Nachmittag habe ich ein Buch gekauft.

      ....

   2. Ich habe etwas über diesen Film gehört.

      ....

   3. Ich gehe immer in diese Cafeteria.

      ....

   4. Mein Freund kann schon Griechisch sprechen.

      ....

   5. Wir haben uns letzte Woche getroffen.

      ....

.... /10 Punkte

---

5. Schreiben Sie die Sätze im Perfekt.
   1. Wir sprachen letzte Woche über die Preise.

      ....

   2. Thomas Mann schrieb viele wichtige Romane.

      ....

   3. Marina zeigte mir gestern Fotos von ihrer Reise.

      ....

   4. Herr und Frau Schulze bekamen eine Waschmaschine als Hochzeitsgeschenk.

      ....

   5. Die weltberühmte Sängerin sang im Konzert ein Lied auf Spanisch.

      ....

.... /10 Punkte

Insgesamt: .... /50 Punkte

Prüfungsvorbereitung *Goethe-Zertifikat A2* [A]

Prüfungsteil: Sprechen Teil 3

Sie möchten am Samstag gemeinsam einen Kaffee trinken gehen, aber alle haben für den Samstag schon etwas anderes geplant. Berichten Sie über Ihre Pläne und suchen Sie einen gemeinsamen Termin zum Kaffeetrinken.

Am Samstag

ins Einkaufszentrum fahren

kochen

Deutsch lernen

Tennis spielen

Wann? Wo?

Prüfungsvorbereitung *Goethe-Zertifikat A2* [B]

Prüfungsteil: Sprechen Teil 3

Sie möchten am Samstag gemeinsam einen Kaffee trinken gehen, aber alle haben für den Samstag schon etwas anderes geplant. Berichten Sie über Ihre Pläne und suchen Sie einen gemeinsamen Termin zum Kaffeetrinken.

Am Samstag

Fußball spielen

wandern

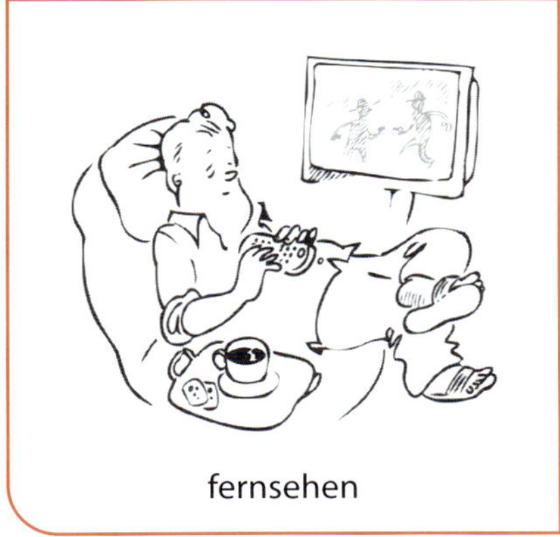

fernsehen

Bier trinken

Wann? Wo?

Was kann man hier kaufen?

beim Bäcker	im Buchladen	im Secondhandladen	im Elektrogeschäft
im Delikatessengeschäft	auf der Post	im Reisebüro	im Sportgeschäft
beim Fleischer	beim Obst- und Gemüsehändler		im Modegeschäft
im Kaufhaus			im Café
im Supermarkt	in der Drogerie	auf dem Bahnhof	auf dem Flughafen
START	im Bioladen	im Schuhgeschäft	**ENDE**

Warum mochten Sie …?

Karte 1

Warum mochten Sie Ihre Grundschule?

Karte 2

Warum interessierten Sie sich für Mathematik?

Karte 3

Warum mochten Sie die Stadt, in der Sie zur Schule gegangen sind?

Karte 4

Warum mochten Sie Ihre Ausbildung/Ihr Studium?

Karte 5

Warum fanden Sie Ihr Praktikum so nützlich?

Karte 6

Warum mochten Sie schon immer die deutsche Sprache?

Karte 7

Warum mochten Sie Ihre Lehrer/innen?

Karte 8

Warum mochten Sie Prüfungen?

Was machen Sie, wenn …?

Antworten Sie und fragen Sie dann Ihre Nachbarin/Ihren Nachbarn.

	ich	meine Nachbarin/mein Nachbar
1. Sie sind nervös.	....	....
2. Sie können nicht schlafen.	....	....
3. Sie wollen sich mit einem netten Menschen treffen.	....	....
4. Sie sind sehr müde.	....	....
5. Sie haben drei freie Stunden.	....	....
6. Sie sind erkältet.	....	....
7. Sie sind sehr glücklich/verliebt.	....	....
8. Sie möchten effizient Deutsch lernen.	....	....

Beispiel: *Wenn ich nervös bin, dann (gehe ich joggen).*

Einige Ideen: ins Kino gehen ▪ etwas *(A)* kaufen ▪ etwas *(A)* lesen ▪ fernsehen ▪ einen Privatlehrer nehmen ▪ Yoga machen ▪ joggen gehen ▪ im Park spazieren gehen ▪ in die Stadt fahren ▪ Urlaub machen ▪ jemanden *(A)* anrufen ▪ ein Instrument spielen ▪ einen *(romantischen)* Film sehen ▪ wandern ▪ mit jemandem *(D)* sprechen ▪ singen ▪ …

Silbensalat

1. Finden Sie die Nomen. Der jeweils erste Buchstabe wird großgeschrieben. Geben Sie auch die Artikel an.

Dafür gibt man Geld aus:

1. dung–klei .... *die Kleidung*
2. zeit–frei ....
3. haus–ge–rät–halts ....
4. kehrs–mittel–ver ....

Wo kann man einkaufen?

5. ge–ler–müse–händ ....
6. per–markt–su ....
7. ge–tessen–delika–schäft ....
8. den–la–buch ....

Diese Abteilungen findet man in einem Kaufhaus:

9. ung–kleid–be–kinder ....
10. bel–mö–gar–ten *(Pl.)* ....
11. men–schuhe–da *(Pl.)* ....
12. der-le-waren *(Pl.)* ....

Darauf achtet man beim Einkaufen:

13. pro–preis–dukt ....
14. ung–stell–her ....
15. kunft–her ....
16. tät–quali–bio ....

2. Bilden Sie mit fünf gewählten Wörtern Sätze.

....
....
....
....
....
....
....

Was würden diese Leute gern tun?

Die Zeichnungen zeigen die Wünsche und Träume dieser Personen.
Bilden Sie Sätze zu einem oder mehreren Bildern.

Beispiel: *Patrizia würde am liebsten Sport treiben/Gymnastik machen.*

Lottomillionär unbekannt!

Finden Sie die richtige Reihenfolge der Absätze.

Karte 1

Vor einigen Jahren gewann ein unbekannter Mann mit sechs richtigen Zahlen im Spiel „6 aus 49" 9,1 Millionen Euro. Er hatte die Zahlen in der Zeitung gelesen und wusste: Er war jetzt Millionär!

Karte ....

Doch der Gewinner möchte anonym bleiben, die Lottozentrale hat den Namen bis heute nicht bekannt gegeben. Der Angestellte aus Dortmund geht weiter jeden Tag zur Arbeit, hat ein Haus, ein schönes Auto und lebt ganz unauffällig in seiner vertrauten Umgebung.

Karte ....

In ganz Lotto-Deutschland gab es das noch nie. „So etwas habe ich noch nicht erlebt", meinte ein Angestellter der Lottozentrale. Viele Gewinner sagen, sie wollen mit dem Geld auch etwas Gutes tun, aber nur ganz wenige Gewinner tun es wirklich. Einen kompletten Gewinn hat noch niemand gespendet.

Karte ....

Natürlich interessierten sich Nachrichtensender und Boulevard-Magazine für diesen unbekannten Mann und wollten über ihn berichten.

Karte ....

Der neue Lottomillionär wollte das Geld nicht haben! Er wollte kein Leben in Saus und Braus führen. Der Gewinner spendete die gesamten 9,1 Millionen Euro für soziale Zwecke.

Karte ....

Aber, und das ist unglaublich, erst zehn Wochen später meldete er sich bei der Lottozentrale. Und stellen Sie sich die Überraschung in der Zentrale vor.

Satzbautraining [A]

1. Kontrollieren Sie die Sätze Ihrer Nachbarin/Ihres Nachbarn.

(1) Ich muss jetzt in die Bäckerei gehen, weil wir kein Brot mehr haben.

Bäckerei → Supermarkt | Brot → Milch

(2) Ich muss jetzt in den Supermarkt gehen, weil wir keine Milch mehr haben.

jetzt → gestern

(3) Ich musste gestern in den Supermarkt gehen, weil wir keine Milch mehr hatten.

(4) Johanna musste gestern in den Supermarkt gehen, weil sie keine Milch mehr hatte.

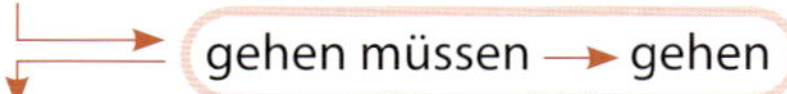

(5) Johanna ging gestern in den Supermarkt/Johanna ist gestern in den Supermarkt gegangen, weil sie keine Milch mehr hatte.

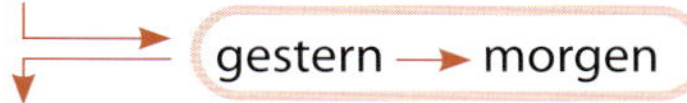

(6) Johanna geht morgen in den Supermarkt, weil sie keine Milch mehr hat.

2. Bilden Sie Sätze. Verändern Sie immer nur die vorgegebenen Wörter.

(1) Ich gehe in die Sporthalle, wenn ich Zeit habe.

(2) ....

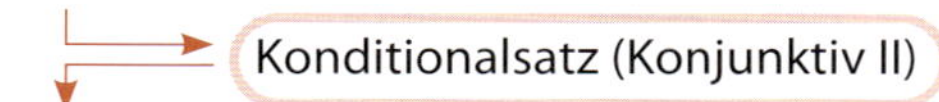

(3) ....

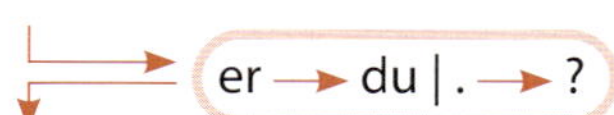

(4) ....

(5) ....

(6) ....

Satzbautraining [B]

1. Bilden Sie Sätze. Verändern Sie die vorgegebenen Wörter.

(1) Ich muss jetzt in die Bäckerei gehen, weil wir kein Brot mehr haben.

Bäckerei → Supermarkt | Brot → Milch

(2) ....

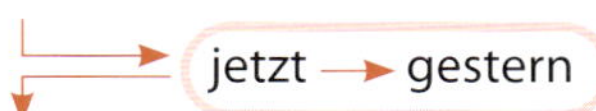

(3) ....

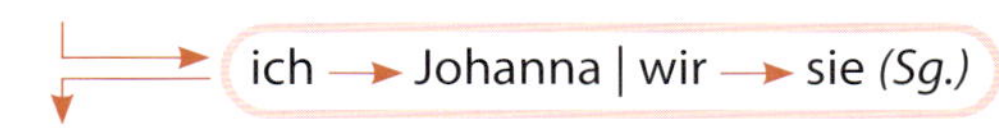

(4) ....

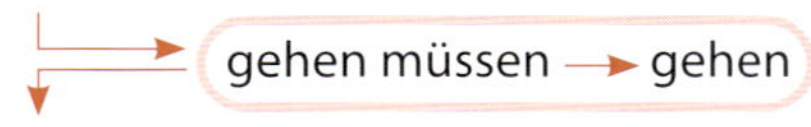

(5) ....

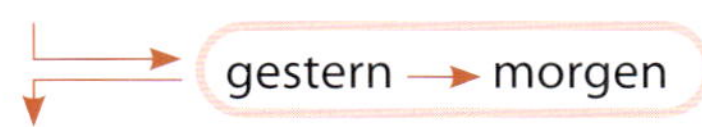

(6) ....

2. Kontrollieren Sie die Sätze Ihrer Nachbarin/Ihres Nachbarn.

(1) Ich gehe in die Sporthalle, wenn ich Zeit habe.

ich → er

(2) Er geht in die Sporthalle, wenn er Zeit hat.

Konditionalsatz (Konjunktiv II)

(3) Er würde in die Sporthalle gehen und Sport treiben, wenn er Zeit hätte.

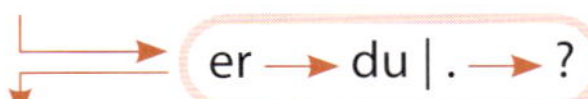

(4) Würdest du in die Sporthalle gehen, wenn du Zeit hättest?

(5) Würdest du in die Sprachschule gehen, wenn du Zeit hättest?

(6) Würdet ihr in die Sprachschule gehen, wenn ihr Zeit hättet?

Grammatik- und Wortschatztraining

1. Ordnen Sie die Verben den Gruppen zu.

abholen ▪ anrufen ▪ beantworten ▪ besuchen ▪ bezahlen ▪ brauchen ▪ bringen ▪ danken ▪ essen ▪ finden ▪ geben ▪ gefallen ▪ gehören ▪ gratulieren ▪ haben ▪ helfen ▪ hören ▪ kaufen ▪ kennen ▪ kosten ▪ lesen ▪ lieben ▪ mögen ▪ möchte(n) ▪ öffnen ▪ parken ▪ passen ▪ schenken ▪ schicken ▪ schmecken ▪ schreiben ▪ sehen ▪ senden ▪ trinken ▪ zeigen

Verben mit Akkusativ

abholen,

....

Verben mit Dativ

....

Verben mit Akkusativ und Dativ

....

2. Beantworten Sie folgende Fragen mit vielen Nomen.
   1. Was brauchen Sie bei Ihrer Arbeit?
      Ich brauche einen Kugelschreiber, ...
   2. Wen rufen Sie (nicht) gern an?
   3. Wem haben Sie schon Fotos von Ihrer Familie gezeigt?
   4. Wen mögen Sie (nicht)?
   5. Was schmeckt Ihnen sehr gut?

Wiederholungstest

1. Beantworten Sie die Fragen in der Vergangenheit.

   1. Warum ärgerst du dich? *(ich – eine schlechte Nachricht bekommen)*
      Weil ich ....
   2. Warum ist Richard nicht zu Hause? *(er – zu seinen Eltern fahren)*
      ....
   3. Warum hast du mich gestern nicht angerufen? *(ich – es vergessen)*
      ....
   4. Warum war Kerstin so lange im Badezimmer? *(sie – sich die Haare föhnen)*
      ....
   5. Warum kommen Laura und Lorenz zu spät zur Arbeit? *(sie – den Bus verpassen)*
      ....

.... /10 Punkte

2. Bilden Sie Konditionalsätze *(Hypothesen)* mit *wenn*.

   1. Wir haben Zeit. Wir fahren in den Urlaub.
      Wenn ....
   2. Sabine ist krank. Sie sagt ihren Termin bei der Bank ab.
      Wenn ....
   3. Bettina und Jakob heiraten. Sie fahren danach nach Italien.
      Wenn ....
   4. Karl besteht die Sprachprüfung. Er macht eine große Party.
      Wenn ....
   5. Ihr arbeitet Vollzeit. Ihr habt ein größeres Einkommen.
      Wenn ....

.... /10 Punkte

3. Akkusativ oder Dativ? Ergänzen Sie die Endungen.

   1. Ich schenke mein......... Oma ein......... Blumenstrauß.
   2. Gestern hat Caroline ihr......... Deutschlehrerin besucht.
   3. Können Sie d......... Chefin in zwei Stunden anrufen?
   4. Der neue Küchentisch gefällt mein......... Freund nicht.
   5. Habt ihr schon mein......... Sohn gratuliert? Er hat heute Geburtstag.
   6. Ich liebe mein......... Eltern.
   7. Ich möchte dies......... schwarzen Schuhe anprobieren.
   8. Hast du dein......... Schwester dies......... Bluse gekauft?

.... /5 Punkte

4. Ergänzen Sie den Dialog im Geschäft.

■ Guten Tag. Kann ich .... helfen?

□ Ich .... gern diesen weißen Rock.

■ Welche .... haben Sie?

□ 38.

■ Einen .... bitte. Ich hole den Rock für Sie … Bitte.

□ Danke schön. Wo kann ich ihn ....?

■ Dort in der Ecke sind die Kabinen.

(etwas später)

■ Ich nehme den Rock, er gefällt .... sehr. Kann ich mit Kreditkarte ....?

□ Ja, natürlich. Der Rock .... 75 Euro.

■ Herzlichen .... und auf ....!

.... /10 Punkte

5. Was kann man mit diesen Sachen tun? Wählen Sie zwei Verben zu jedem Nomen. Benutzen Sie jedes Verb nur einmal. Achtung! Nicht alle Verben passen.

einzahlen ▪ haben ▪ besuchen ▪ absagen ▪ verlieren ▪ buchen ▪ kaufen ▪ anprobieren ▪ umtauschen ▪ abheben ▪ bekommen ▪ treffen ▪ backen ▪ gewinnen ▪ heiraten ▪ fahren ▪ wechseln

1. Geld *einzahlen*, ..., ...
2. ein Kleid ...., ...
3. einen Freund ...., ...
4. Flugtickets ...., ...
5. eine Arbeitsstelle ...., ...

.... /10 Punkte

Insgesamt: .... /45 Punkte

Prüfungsvorbereitung *Goethe-Zertifikat A2*

Prüfungsteil: Lesen Teil 4

Lesen Sie die Anzeigen und die Aufgaben 1–5. Welche Anzeige passt zu welcher Situation?
Für eine Aufgabe gibt es keine Lösung. Schreiben Sie hier den Buchstaben X.

a **www.haus-und-garten.de**
Gefällt Ihnen Ihr Haus/Ihr Garten nicht mehr? Brauchen Sie neue, frische Ideen? Unsere Architekten helfen Ihnen gern, Ihr Haus oder Ihren Garten zu verschönern!

b **www.moebelparadies.de**
Möbel nach Ihrem Geschmack - jetzt stark reduziert! Kommen Sie vorbei!

c **www.last-minute-fliegen.com**
Mit uns kommen Sie überall hin! Last-Minute-Flüge für mehr als 250 Reiseziele und vieles mehr!

d **www.das-moebelgeschaeft.de**
Bei uns finden Sie: Haushaltsgeräte und Gartenmöbel in großer Auswahl.
Sonderangebot: Gartenstühle und -tische

1. Sie möchten Ihrer Tante einen Mixer zum Geburtstag schenken. ☐
2. Sie brauchen ein neues Sofa. ☐
3. Sie möchten im Sommer in ein warmes Land fahren. ☐
4. Sie möchten in Deutschland ein Sparkonto eröffnen, aber Sie wissen nicht, wie das funktioniert. Sie suchen nach Informationen. ☐
5. Sie möchten sich über die neuesten Entwicklungen in der Telekommunikation informieren. ☐

e **www.haus-und-garten.de**
Das heutige Thema in unserem Internet-Magazin: Neuigkeiten rund um Telekonferenzen, Videotelefonie und die neuesten Smartphone-Kameras.

f **www.billig-fliegen.com**
Möchten Sie ganz weit weg? Planen Sie Ihren Urlaub oder ein verlängertes Wochenende? Dann sind Sie hier richtig!
Klicken Sie den Namen der Fluggesellschaft oder Ihr Reiseziel an.

g **www.alltagstipps.net**
Sind Ihre Rechnungen zu hoch? Zahlen Sie zu viel für Strom, Heizung, Gas und Wasser? Wir geben Ihnen einige Tipps, wie Sie Geld sparen können.

h **www.verstandigung-job.de**
Möchten Sie am Arbeitsplatz effizienter kommunizieren?
Wir beraten Sie gern telefonisch oder persönlich!
Rufen Sie uns an:
030 7 65 46 28

Im Büro

1. Welche Gegenstände erkennen Sie?

2. Was macht man mit diesen Gegenständen? Bilden Sie viele Sätze.

Einige Ideen: mit dem Stift ▪ am Laptop ▪ auf dem Stuhl ▪ auf ein Blatt Papier ▪ mit dem Drucker ▪ …

Mit dem Stift schreibt man Briefe/kann man Briefe schreiben. Mit dem Drucker

Welches Verb passt?

Ergänzen Sie passende Verben. Geben Sie auch das Perfekt und das Präteritum an.

in der Kantine *essen (aß, hat gegessen)*

an Besprechungen ....

Protokolle ....

Dokumente ....

Dienstreisen ....

E-Mails ....

Kaffee ....

im Stau ....

Berichte ....

Rechnungen ....

über dienstliche Probleme ....

Briefe ....

im Online-Shop ....

im Internet ....

eine Beförderung ....

Computerspiele ....

mit Kunden ....

Termine ....

Daten und Fakten

Suchen Sie die Antworten in Ihrem Kursbuch.

1. Was passierte 1830 im Schloss Schönbrunn (Wien/Österreich)? *(Kapitel 5, A26)*

   ....

2. Die Leitung welches renommierten Orchesters übernahm der deutsche Dirigent Kurt Masur im Jahre 1991? *(Kapitel 2, C12)*

   ....

3. Was ist am 9. Oktober 1955 um 16.00 Uhr passiert? *(Kapitel 3, A30)*

   ....

4. Was wurde zum ersten Mal im Jahre 1740 benutzt? *(Kapitel 4, B4)*

   ....

5. Wann erschien der erste Krimi und wer schrieb ihn? *(Kapitel 2, B1)*

   ....

6. Was passierte 1756 in Salzburg? *(Kapitel 2, A13)*

   ....

7. Was feiert man in der Nacht vom 30. April zum ersten Mai? *(Kapitel 5, B1b)*

   ....

8. Der erste Kleingarten in Deutschland. Wann war das? *(Kapitel 7, A13)*

   ....

9. In welchem Jahr dachte Bill Gates noch, dass 640 Kilobyte Speicher genug für jeden sind? *(Kapitel 8, A21)*

   ....

10. Was wurde am 9. November 1918 vom Balkon des Berliner Reichstags ausgerufen? *(Kapitel 8, B5)*

    ....

Detektivspiel

Höfliche Bitten

1. Reagieren Sie.

Sie sind in einem Café.
- Sie bestellen zwei Kaffee.
- Sie möchten einen Teelöffel.
- Sie wollen mit Kreditkarte bezahlen.

Sie sind im Deutschkurs.
- Sie haben keinen Stift.
- Sie haben ein wichtiges Wort nicht verstanden.
- Sie möchten, dass die Lehrerin den Satz an die Tafel schreibt.

Sie sind zu Hause.
- Sie möchten, dass Ihr Sohn den Computer ausschaltet.
- Ihr Kind möchte, dass Sie ihm bei der Mathematik-Hausaufgabe helfen.
- Sie möchten, dass Ihre Familie Sie in Ruhe lässt, denn Sie hatten einen anstrengenden Tag.

Sie sind in einer Besprechung.
- Sie brauchen eine Kopie des Protokolls.
- Es ist sehr heiß. Das Fenster im Raum ist zu.
- Ihre Kollegin/Ihr Kollege spricht zu leise.

2. Welche Bitten würden Sie in den folgenden Situationen formulieren?
   1. Sie sind beim Gemüsehändler.
   2. Sie sind auf einer Party.
   3. Sie sind im Reisebüro.

Zeitangaben

Grammatik-Quiz

Diskutieren und beantworten Sie die Fragen. Verwenden Sie im Gespräch die angegebenen Redemittel.

Redemittel

Weißt du/Wissen Sie, was/wie/welcher …?
Weißt du/Wissen Sie, ob *(Antwort A richtig ist)*?
Ich glaube/denke, dass …
Ich bin der Meinung, dass *(Antwort A richtig ist)*.
Ich weiß nicht/Ich bin nicht sicher, ob …

1. In welchem Satz ist die Konjugation falsch?
   a) ☐ Ich würde gern einen Kaffee trinken.
   b) ☐ Er hätte gern einen Kaffee.
   c) ☐ Sie möchtet einen Kräutertee.

2. Welcher Satz ist nicht höflich?
   a) ☐ Darf ich hier telefonieren?
   b) ☐ Wo könnte ich hier telefonieren?
   c) ☐ Ich will telefonieren.

3. Welches Wort passt zu jedem Satz?
   a) ☐ Heute möchte ich über unser neues Projekt ....
   b) ☐ Kann ich bitte Frau Löwe ....?
   c) ☐ Morgen muss ich unbedingt mit dem Chef ....

4. In welcher Zeile sind nicht alle Wörter maskulin?
   a) ☐ Computer, Chef, Bildschirm
   b) ☐ Stuhl, Stecker, Scanner
   c) ☐ Kabel, Laptop, Brief

5. Welche Antwort ist richtig auf die Frage: „Hätten Sie nächste Woche Zeit?"
   a) ☐ Ja, das passt mir prima.
   b) ☐ Es tut mir leid, aber am Dienstag habe ich schon andere Termine.
   c) ☐ An welchem Tag?

6. Welcher Satz ist grammatikalisch nicht richtig? Korrigieren Sie den Fehler.
   a) ☐ Ich möchte Sie unser neues Produkt vorstellen.
   b) ☐ Könnte ich heute Nachmittag mit dir sprechen?
   c) ☐ Mein Kollege würde Sie gern am 13. Juni um 12.00 Uhr besuchen.

Grammatik- und Wortschatztraining

1. Ordnen Sie die Verben zu.

anrufen ▪ arbeiten ▪ sich ärgern ▪ sich bedanken ▪ berichten ▪ sich beschweren ▪ sich bewerben ▪ denken ▪ sich entschuldigen ▪ sich erinnern ▪ fragen ♦ sich freuen ▪ es geht ▪ gratulieren ▪ sich interessieren ▪ reden ▪ sprechen ▪ sich streiten ▪ suchen ▪ teilnehmen ▪ telefonieren ▪ sich verlieben ▪ warten ▪ zählen

an + Dativ	....
bei + Dativ	....
mit + Dativ	....
nach + Dativ	....
zu + Dativ	....

an + Akkusativ	....
auf + Akkusativ	....
für + Akkusativ	....
in + Akkusativ	....
um + Akkusativ	....
über + Akkusativ	....

2. Wählen Sie eine Zeichnung und schreiben Sie einen kurzen Dialog dazu. Benutzen Sie möglichst viele Verben mit präpositionalem Kasus.

1

Hallo, Clara! Wie war das Wochenende?

2

Was halten Sie von dem neuen Projekt, Herr Schmidt?

Wiederholungstest

1. Notieren Sie zehn Gegenstände mit Artikel. Zeichnen Sie auch die Pfeile zu den Gegenständen.

.... /10 Punkte

2. Was sagen Sie in den folgenden Situationen?

   1. Sie haben den Namen Ihrer Gesprächspartnerin/Ihres Gesprächspartners nicht verstanden.

      ....

   2. Sie möchten wissen, wo Herrn Bergmeisters Büro ist.

      ....

   3. Sie reservieren ein Einzelzimmer für zwei Nächte.

      ....

   4. Sie schlagen Ihrer Gesprächspartnerin/Ihrem Gesprächspartner einen Termin vor.

      ....

   5. Sie möchten das Wörterbuch Ihrer Nachbarin/Ihres Nachbarn benutzen.

      ....

.... /10 Punkte

3. Ergänzen Sie die Präpositionen und die Artikel, wenn nötig.

   1. Warum hast du dich .... dein......... Schwester gestritten?
   2. Ich möchte mit dir .... unser......... neues Produkt sprechen.
   3. Freut ihr euch .... d......... Reise nach Japan?
   4. Wie lange haben Sie gestern .... d......... Taxi gewartet?
   5. Robert hat sich .... sein......... Zahnärztin verliebt.
   6. Ich erinnere mich gern .... mein......... Kindheit.
   7. Wir ärgerten uns .... d......... schlechten Kundenservice.
   8. Professor Kuhlmann kann .... d......... Sitzung leider nicht teilnehmen.
   9. Meine Tante interessiert sich .... d......... Literatur des 20. Jahrhunderts.
   10. Morgen muss ich .... ein......... Firma telefonieren.

.... /10 Punkte

4. Formulieren Sie höfliche Bitten im Konjunktiv II.

1. Gib mir eine Kopfschmerztablette!

   ....?

2. Rufen Sie mich morgen an!

   ....?

3. Hilf mir!

   ....?

4. Sprecht mit dem Chef über das Projekt!

   ....?

5. Kinder, öffnet die Tür!

   ....?

.... /10 Punkte

5. Ergänzen Sie das Telefongespräch.

Herr Schröder: Schröder.

Frau Ertl: Ja, guten Tag, Herr Schröder. Martina Ertl hier, von der Firma Cleanfix.

Herr Schröder: Guten Tag, Frau Ertl. Worum ....(1) es?

Frau Ertl: Wir hatten einen Termin für Mittwoch, den 9. April vereinbart. Es tut mir ....(2), aber ich muss diesen Termin absagen. Könnten wir einen anderen Termin ....(3)?

Herr Schröder: Ja, natürlich. ....(4) Sie am Donnerstag Zeit?

Frau Ertl: Ja. Um 11.00 oder 12.00 Uhr.

Herr Schröder: Um 11.00 Uhr ....(5) es mir sehr gut.

Frau Ertl: Ja, da ....(6) ich Zeit.

Herr Schröder: Dann ....(7) ich Sie am Donnerstag, dem 10. April, um 11.00 Uhr. Bitte ....(8) Sie sich an der Rezeption. Ich ....(9) Sie dann von dort ab.

Frau Ertl: Herzlichen ....(10), Herr Schröder. Bis Donnerstag.

.... /10 Punkte

Insgesamt: .... /50 Punkte

Prüfungsvorbereitung *Goethe-Zertifikat A2*

Prüfungsteil: Sprechen Teil 2

Sie bekommen eine Karte und erzählen etwas über Ihr Leben. Sie arbeiten zu zweit und stellen Ihrer Partnerin/Ihrem Partner nach dem Bericht einige Fragen.

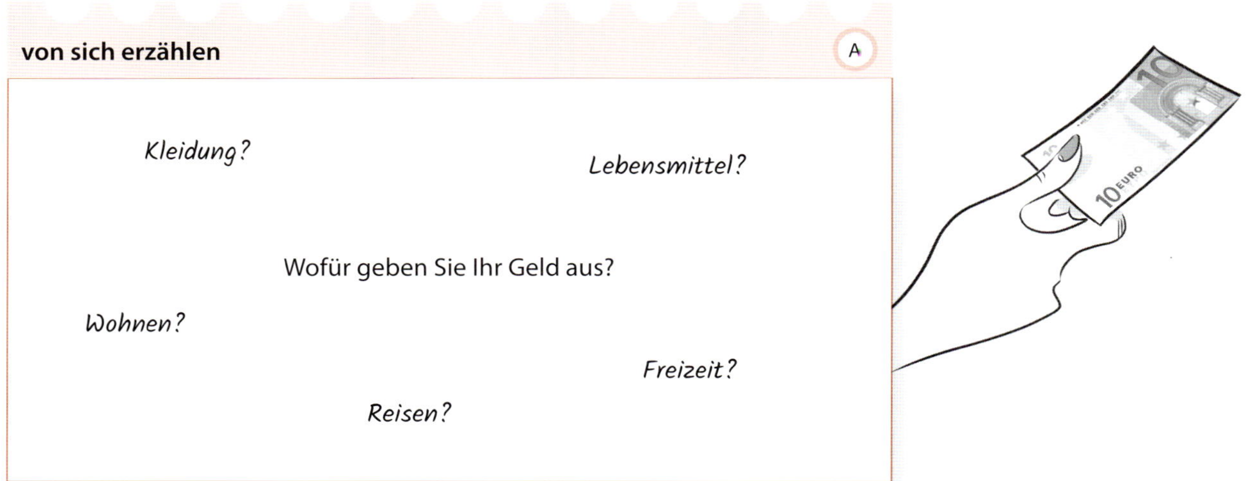

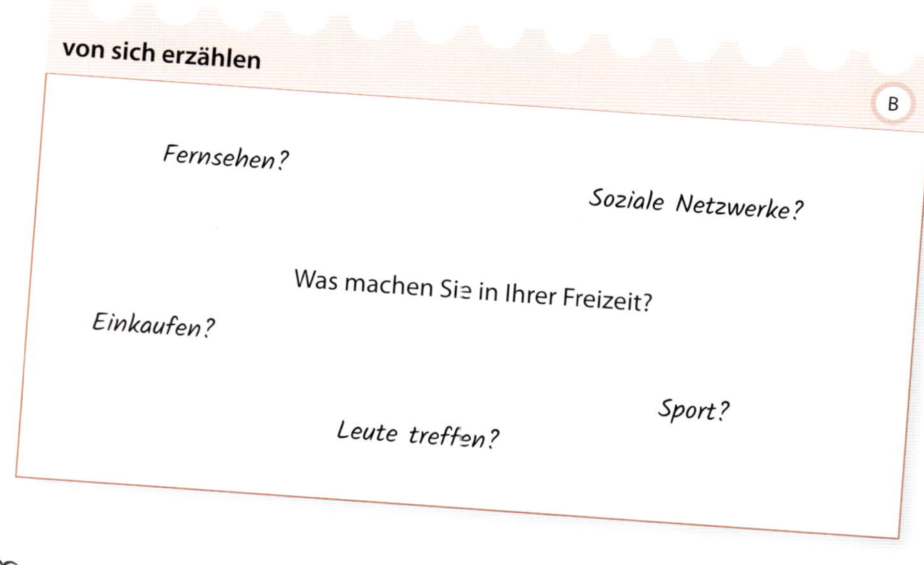

Phileas Fogg

1. Kennen Sie Phileas Fogg aus Jules Vernes Roman „Reise um die Erde in 80 Tagen“?
   Hier sehen Sie die Stationen seiner Weltreise:

   Beschreiben Sie Phileas Foggs Route:

London, 2. Oktober	*Am zweiten Oktober war Phileas Fogg in London.*
Suez, 9. Oktober	*Aus London reiste er nach* ....
	Er kam dort am .... *an.*
Bombay, 20. Oktober	....
	....
Singapur, 31. Oktober	....
	....
Hongkong, 6. November	....
	....
Shanghai, 11. November	....
	....
Yokohama, 14. November	....
	....
San Francisco, 3. Dezember	....
	....
New York, 11. Dezember	....
	....
London, 20. Dezember	....
	....

2. Sie dürfen auch eine Reise mit drei Reisezielen *(Ländern oder Städten)* machen.
   Berichten Sie über Ihre Pläne.

   - Wohin würden Sie gern reisen?
   - Warum?
   - Was würden Sie dort gern sehen/besichtigen?
   - In welcher Jahreszeit würden Sie diese Reise machen?
   - Wie lange würde der Aufenthalt dauern?
   - Wo würden Sie übernachten?
   - Wen/Was würden Sie unbedingt mitnehmen?

Gespräch im Büro

Rekonstruieren Sie das Gespräch. Bringen Sie die Abschnitte in die richtige Reihenfolge.

A → ___

Frau Lange: Im August. Mögen Sie die Wärme?
Herr Große: Sehr warm darf es nicht sein. Also, nach Ägypten oder Tunesien möchte ich im August nicht fahren. Da sind fast 50 Grad.
Frau Lange: Ich kann Ihnen die Kanarischen Inseln sehr empfehlen. Oder Griechenland. Dort ist es nicht so warm.

B → 1

Frau Lange: Guten Tag, Herr Groß. Wie geht es Ihnen?
Herr Große: Guten Tag, Frau Lange. Danke. Es geht mir gut. Ich habe gehört, Sie waren im Urlaub.

C → ___

Herr Große: Das sind dann 2 400 Euro für zwei Personen, das ist ein guter Preis in der Hauptferienzeit. Wie hieß das Hotel?
Frau Lange: Hotel Seerose. Wenn Sie mal im Internet ein bisschen recherchieren, dann finden Sie sicher alle Informationen über das Hotel und vielleicht auch besondere Angebote. Ich erinnere mich gerne an diesen Urlaub, vor allem an den wunderbaren Wellnessbereich und natürlich den Strand und das Meer. In dem Ort Binz gibt es auch eine Segelschule. Sie wollten doch immer segeln lernen, oder?

D → ___

Herr Große: Ja, Griechenland würde mir gut gefallen. Aber ich war schon dreimal in Griechenland. Dort kann es im August auch ganz schön heiß werden.
Frau Lange: Waren Sie schon mal an der Ostsee?

E → ___

Herr Große: An der Ostsee? Hier in Deutschland? Ja, aber nur ganz kurz …
Frau Lange: Ich war vor zwei Jahren dort, auf der Insel Rügen. Deutschland hat einen großen Vorteil: Man kann mit dem Auto in den Urlaub fahren. Die Flughäfen sind ja im August immer sehr voll.
Herr Große: Da haben Sie recht. Gibt es dort auch schöne Hotels?
Frau Lange: Ja, wir haben in einem sehr schönen Hotel direkt am Strand gewohnt. Das war gar nicht so teuer. Ich glaube, wir haben für 14 Tage 1 200 Euro pro Person bezahlt.

F → ___

Frau Lange: Ja, wir waren zwei Wochen in der Sonne, auf den Kanarischen Inseln.
Herr Große: Toll! Wir planen gerade unseren Sommerurlaub. Wir wissen aber noch nicht, wohin wir reisen.
Frau Lange: Wann wollen Sie denn fahren?
Herr Große: Im August.

G → ___

Herr Große: Eine Segelschule, wunderbar! Ich sehe mir das heute Abend auf jeden Fall mal im Netz an. Danke für den Tipp.
Frau Lange: Gern geschehen.

Reise-Checkliste

Den idealen Reisepartner finden

Diskutieren Sie mit Ihrer Nachbarin/Ihrem Nachbarn und notieren Sie sich Ihre eigenen Antworten und die Antworten der Gesprächspartnerin/des Gesprächspartners.

1. Wie bereiten Sie eine Reise vor?
   a) ☐ Ich suche im Internet nach aktuellen Angeboten.
   b) ☐ Ich plane den Urlaub mit den Freunden, die mitfahren.
   c) ☐ Ich bereite gar nichts vor und lasse mich überraschen.

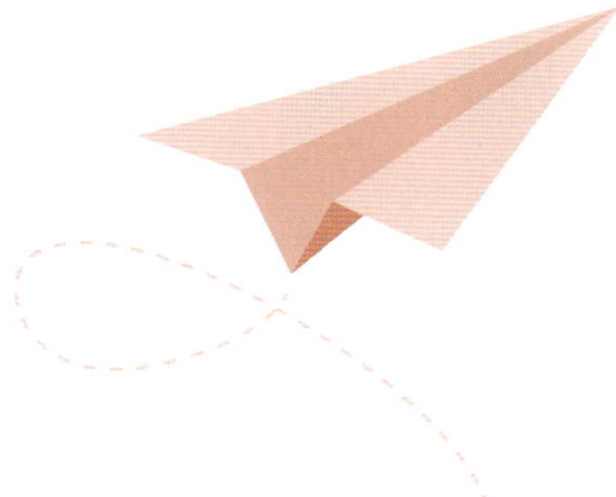

2. Wie verbringen Sie Ihren Urlaub am liebsten?
   a) ☐ Ich treibe sehr viel Sport.
   b) ☐ Ich erhole mich am Strand.
   c) ☐ Ich entdecke neue Städte und/oder Länder.

3. Wo würden Sie Ihren Urlaub nie verbringen?
   a) ☐ Auf einer Insel ohne Kinos und Museen.
   b) ☐ In einer Großstadt.
   c) ☐ In meiner Heimatstadt.

4. Mit was für Menschen verbringen Sie gern Ihren Urlaub?
   a) ☐ Mit lustigen, kontaktfreudigen Menschen.
   b) ☐ Am liebsten verbringe ich meinen Urlaub allein.
   c) ☐ Mit neugierigen, entdeckungsfreudigen Menschen.

5. Wie bereiten Sie sich auf Ihren Urlaub vor?
   a) ☐ Ich lese einen Reiseführer.
   b) ☐ Ich informiere mich nicht im Voraus, sondern ich lasse mich überraschen.
   c) ☐ Ich frage ein paar Freunde, ob sie schon mal dort waren und wie es ihnen dort gefallen hat.

Rundreise in Österreich

Tag 1

Individuelle Anreise nach Salzburg

- Geführter Stadtrundgang durch die Salzburger Altstadt: Salzburger Dom mit Domplatz, Getreidegasse mit Mozarts Geburtshaus, Festspielhaus.
  Oder: Besuch der Wasserspiele im Schloss Hellbrunn.
- Am Abend besuchen Sie ein Kammerkonzert der Salzburger Festungskonzerte.
- Übernachtung in Salzburg in einem 3-Sterne-Hotel.

Tag 2

Salzburg – Graz (ca. 260 km)

- Im Salzkammergut fühlten sich schon Kaiser Franz Joseph und seine Frau „Sisi“ wohl.
- Gemütliche Schiffrundfahrt: Hier können Sie die herrliche Landschaft am Hallstätter See genießen.
- Fahrt nach St. Wolfgang mit Fahrt auf den Schafberg. Der Berg bietet ein einmaliges Panorama über das Salzkammergut.
- Weiterfahrt bis Graz. Übernachtung in Graz in einem 4-Sterne-Hotel.

Tag 3

Aufenthalt in Graz

- reichhaltiges Frühstücksbüfett
- Vormittags: Spaziergang in der Innenstadt, Besichtigung der Sehenswürdigkeiten. Sie steigen auf den Schlossberg und besichtigen auch den Uhrturm mit der Uhr, die seit 1712 pünktlich die Stunden anzeigt.
- Die bekannteste steirische Spezialität ist das wohlschmeckende Kürbiskernöl. Das können Sie während der Besichtigung einer Ölmühle kosten.

Tag 4

Graz – Wien (ca. 280 km)

- Schifffahrt auf dem Neusiedler See, dem einzigen Steppensee Westeuropas. Sie können hier seltene Tiere und Pflanzen bewundern.
- Berühmt sind auch die Weine der Region. Besuch einer Weinkellerei. Es sind nur noch wenige Kilometer bis zur österreichischen Hauptstadt.
- Übernachtung in Wien.

Tag 5

Aufenthalt in Wien

- Vormittags: Erkundung der Innenstadt von Wien (Ringstraße, die Hofburg, das Parlament, das Rathaus, die Karlskirche, das Natur- und das Kunsthistorische Museum, die Oper).
- Besichtigung von Schloss und Park Schönbrunn.
- Abends: Besuch eines Kabaretts, Theaters oder der Oper.
- Übernachtung in Wien.

Tag 6

Wien – Wachau (ca. 90 km)

- Aus dem Bus können Sie die sanfte Landschaft der Wachau bewundern. Auf den Hügeln links und rechts der Donau betreibt man schon seit der Römerzeit Weinbau.
- Die Wachau bietet auch viele Kulturschätze. Sie besichtigen das Benediktinerstift Melk und das Schloss Artstetten.
- Besichtigung einer Weinkellerei mit Führung und Verkostung.
- Übernachtung in der Wachau.

Wohin fahren Sie, wenn …?

Diskutieren Sie in Kleingruppen und beantworten Sie die Fragen.
Verwenden Sie möglichst viele Adjektive bei der Beschreibung der Orte.

Wohin fahren/gehen Sie, …

1. … wenn Sie sich erholen möchten?

   Ich: ……………………………………………………………

   Meine Nachbarin/Mein Nachbar: ……………………………………………

2. … wenn Sie allein sein möchten?

   Ich: ……………………………………………………………

   Meine Nachbarin/Mein Nachbar: ……………………………………………

3. … wenn Sie einen Ausflug mit Freunden machen wollen?

   Ich: ……………………………………………………………

   Meine Nachbarin/Mein Nachbar: ……………………………………………

4. … wenn Sie mit Ihrer Partnerin/Ihrem Partner ein romantisches Wochenende verbringen möchten?

   Ich: ……………………………………………………………

   Meine Nachbarin/Mein Nachbar: ……………………………………………

5. … wenn Sie Ihre Partnerin/Ihren Partner an einen für Sie wichtigen Ort mitnehmen möchten?

   Ich: ……………………………………………………………

   Meine Nachbarin/Mein Nachbar: ……………………………………………

6. … wenn Sie neue Leute kennenlernen möchten?

   Ich: ……………………………………………………………

   Meine Nachbarin/Mein Nachbar: ……………………………………………

7. … wenn Sie Ihre Lieblingsfremdsprache üben möchten?

   Ich: ……………………………………………………………

   ……………………………………………………………

   ……………………………………………………………

   Meine Nachbarin/Mein Nachbar: ……………………………………………

   ……………………………………………………………

   ……………………………………………………………

   ……………………………………………………………

Erzählen Sie etwas über …

Ihr letztes Wochenende	Ihr nächstes Wochenende	Ihren heutigen Tag
Ihren letzten Urlaub	Ihren nächsten Urlaub	Ihren Traumurlaub
Ihre Freunde, die in Ihrer Heimatstadt wohnen		ein Traumwochenende
Ihre erste Auslandsreise		Ihre letzte Auslandsreise
Ihre erste größere Reise	Ihren besten Urlaub	Ihren schlechtesten Urlaub
Ihren Tagesablauf im Urlaub	die Dinge, die Sie in den Urlaub mitnehmen	Ihre Urlaubsvorbereitungen

Grammatik- und Wortschatztraining

1. Ergänzen Sie die Artikelendungen, wenn erforderlich.
   Warum sind einige Kästchen grau?

	Singular			Plural
	maskulin	feminin	neutral	
Nominativ	d......... Tisch d......... große Tisch ein...... großer Tisch	d......... Jacke d......... rote Jacke ein...... rote Jacke	d......... Zimmer d......... ka te Zimmer ein...... ka tes Zimmer	d......... Bücher d......... alten Bücher mein...... alten Bücher
Akkusativ	d......... Tisch d......... großen Tisch ein...... großen Tisch	d......... Jacke d......... rote Jacke ein...... rote Jacke	d......... Zimmer d......... kalte Zimmer ein...... kaltes Zimmer	d......... Bücher d......... alten Bücher mein...... alten Bücher
Dativ	d......... Tisch d......... großen Tisch ein...... großen Tisch	d......... Jacke d......... roten Jacke ein...... roten Jacke	d......... Zimmer d......... kalten Zimmer ein...... kalten Zimmer	d......... Büchern d......... alten Büchern mein...... alten Büchern
Genitiv	d......... Tisches d......... großen Tisches ein...... großen Tisches	d......... Jacke d......... roten Jacke ein...... roten Jacke	d......... Zimmers d......... kalten Zimmers ein...... kalten Zimmers	d......... Bücher d......... alten Bücher mein...... alten Bücher

2. Beantworten Sie die Fragen. Sammeln Sie viele Nomen mit Adjektiv.
   a) Tina war im Ausland. Was hat sie nach Hause mitgebracht?
   ein schönes Kleid, ...

   b) Mit wem fährt Brigitte Lohse ins Ausland?
   mit ihrer älteren Schwester, ...

   c) Wen hat Klaus im Urlaub kennengelernt?
   nette Menschen, ...

Wiederholungstest

1. Geben Sie kurze Antworten auf die Fragen mit allen vorgegebenen Wörtern.
   1. Wohin fährst du am Wochenende? *(meine Großmutter, das Meer, Berlin)*

      ....

   2. Mit wem sind Sie nach Deutschland gereist? *(mein Bruder, meine Schwester, eine Freundin)*

      ....

   3. Wann seid ihr aus Deutschland zurückgekommen? *(Montag, 21. August, Wochenende)*

      ....

   4. Wo warst du letzten Sommer? *(China, Schweiz, USA, meine Freunde)*

      ....

   5. Womit ist Familie Krumm nach Prag gereist? *(das Flugzeug, ihr Auto, der Bus)*

      ....

.... /16 Punkte

2. Wie heißen die Gegenstände? Nennen Sie auch den Artikel.

.... /5 Punkte

3. Ergänzen Sie die Artikel- und Adjektivendungen, wenn nötig.
   1. Im Hotel hatten wir ein......... gemütlich......... Zimmer.
   2. Morgen würde ich gern in ein......... ägyptisch......... Restaurant gehen.
   3. Könnten Sie d......... schmutzig......... Handtücher in unserem Zimmer wechseln?
   4. Gestern hatten wir ein......... wichtig......... Besprechung mit unser......... belgisch......... Gast.

.... /5 Punkte

4. Ergänzen Sie die fehlenden Verben in der richtigen Form.

   1. Ich .... morgen das Heimatmuseum.
   2. Das Hotel .... am Strand.
   3. Das Hotel .... über einen Golfplatz.
   4. Gestern habe ich in einem italienischen Restaurant ....
   5. Morgen möchte ich einige Postkarten ....

.... /5 Punkte

5. Beantworten Sie die folgenden Fragen frei.

   1. Wo haben Sie Ihren letzten Urlaub verbracht?

      ....

   2. Wie sind Sie gereist?

      ....

   3. Wie lange sind Sie dort geblieben?

      ....

   4. Wo haben Sie übernachtet?

      ....

   5. Was haben Sie am Urlaubsort gemacht? Bitte nennen Sie drei Sachen.

      ....

      ....

      ....

.... /14 Punkte

Insgesamt: .... /45 Punkte

Prüfungsvorbereitung *Goethe-Zertifikat A2*

Prüfungsteil: Schreiben Teil 1 (Aufgabe b)

1. Barbara Neumann und ihr Freund buchen ein Hotelzimmer in Aachen. Schreiben Sie die fehlenden Informationen über sie ins Formular. Sie wissen folgende Sachen über sie:

Barbara und ihr Freund kennen das Rheinland gar nicht, deshalb möchten sie ein Wochenende in Aachen verbringen. Ein Freund hat ihnen das Hotel Sonnenschein empfohlen, weil es zentral liegt. Sie fahren am 12. August nach Aachen und kommen am 17. August nach Wien zurück. Sie brauchen ein Doppelzimmer mit Bad. Barbara will ihre Katze unbedingt mitnehmen. Sie mieten dort vielleicht ein Auto, weil sie viele Ausflüge machen möchten.

Zimmerbuchung Hotel Sonnenschein

Familienname: *Neumann*
Vorname: *Barbara*

Straße, Hausnummer: *Weinbergerstraße 32*
Postleitzahl, Ort: *1239 Wien*
Land: ....

E-Mail: *bneumann@gmail.com*
Telefonnummer: *+43 161 07 61 82*

Anreisetag: *12. August*
Abreisetag: *17. August*

Anzahl/Typ Zimmer: *1 Doppelzimmer mit Bad*

Haustiere: ❒ *ja* ❒ nein
Wenn ja, welche: ....

Haben Sie schon einmal bei uns übernachtet?
❒ ja ❒ nein

Wie haben Sie über unser Hotel erfahren?
....

Warum haben Sie unser Hotel gewählt?
❒ Lage ❒ Preis ❒ Service ❒ Sonstiges

Wir wünschen Ihnen einen angenehmen Aufenthalt!

2. Sie wohnen in Aachen und sind mit Barbara und ihrem Freund im Café Extrablatt verabredet. Auf dem Weg zum Café schreiben Sie eine SMS an Barbara.

- Entschuldigen Sie sich, dass Sie zu spät kommen.
- Schreiben Sie, warum.
- Sagen Sie, wann Sie im Café sein können und was Sie danach machen wollen.

Schreiben Sie 20–30 Wörter. Schreiben Sie etwas zu allen drei Punkten.

Rekorde in der Gruppe

Karte 1	**Karte 2**	**Karte 3**	**Karte 4**
Wer hat die meisten Geschwister?	Wer wohnt am weitesten weg von der Sprachschule?	Wessen Muttersprache ist am exotischsten/schwierigsten?	In wessen Heimatland ist der Sommer am kältesten?
Karte 5	**Karte 6**	**Karte 7**	**Karte 8**
Wer ist am größten?	Wer hat die längste Zeit in einem deutschsprachigen Land verbracht?	Wer wohnt im höchsten Haus?	Wer hat heute am längsten telefoniert?
Karte 9	**Karte 10**	**Karte 11**	**Karte 12**
Wessen Heimatland ist am kleinsten?	Wer spricht die meisten Sprachen?	Wer ist heute am frühesten aufgestanden?	Wer ist gestern am spätesten ins Bett gegangen?
Karte 13	**Karte 14**	**Karte 15**	**Karte 16**
Wessen Chefin/Chef ist am nettesten?	Wer hat die längste Arbeitserfahrung?	Wer kocht am besten?	Wer hat die gefährlichsten Haustiere?

Wortbildung

Ergänzen Sie die Tabellen zur Wortbildung.

	Adjektiv	Nomen
Gruppe 1: Die Nomen enden auf .... oder	*krank* gesund .... freundlich	die Krankheit die .... die Einsamkeit die ....
Gruppe 2: Die Adjektive enden auf	geduldig .... stressig giftig ruhig (*!*)	die .... der Fleiß der .... das .... die ....
Gruppe 3: Die Adjektive enden auf	.... gefährlich	der Körper der Tod die Wissenschaft die ....
Gruppe 4: Die Nomen enden auf .... und bekommen einen	.... lang	die Größe die .... die Höhe
Gruppe 5: Die Nomen (Fremdwörter) enden auf	.... intelligent	die Toleranz die ....
Gruppe 6: Die Nomen (Fremdwörter) enden auf	kreativ	die .... die Aggressivität

Entschuldigung, aber …

Karte 1

Sie haben sich zum Deutschkurs verspätet. Sie standen im Stau.

es morgen früh unbedingt abholen

Karte 2

Sie haben für Ihre Deutschstunde keine Hausaufgaben gemacht, weil Sie keine Zeit hatten.

pünktlich sein

Karte 3

Sie haben Ihren Termin beim Zahnarzt vergessen.

die Hausaufgabe machen

Karte 4

Sie sind müde und unkonzentriert. Sie haben gestern bis Mitternacht ferngesehen.

jeden Termin in den Terminkalender eintragen

Karte 5

Sie haben heute den Monteur nicht angerufen. Sie haben es vergessen.

nicht so lange fernsehen

Karte 6

Sie waren nicht zu Hause, als Ihr Freund angerufen hat. Sie waren einkaufen.

den Monteur morgen unbedingt anrufen

Karte 7

Sie haben Ihrer Kollegin aus dem Urlaub keine Postkarte geschrieben.

den Anrufbeantworter einschalten

Karte 8

Sie haben das Fahrrad nicht aus der Werkstatt abgeholt, denn Sie hatten keine Zeit.

zwei Postkarten schicken

Karte 9

Sie konnten kein frisches Brot kaufen, denn die Bäckerei war zu.

in der Arbeitszeit arbeiten, keine Privatgespräche führen

Karte 10

Sie hatten viele Fehler in einer Übersetzung. Sie konnten sich nicht konzentrieren.

früher in die Bäckerei gehen

Karte 11

Sie haben nicht aufgepasst und haben zur Sitzung die falschen Unterlagen mitgebracht.

sich besser konzentrieren

Karte 12

Sie haben vergessen, dass Sie heute eine sehr wichtige Sitzung haben. Sie tragen Sportschuhe, Jeans und ein T-Shirt.

besser aufpassen und die richtigen Unterlagen mitbringen

Karte 13

Sie kommen zu spät zu einer Besprechung, denn Sie haben keine Uhr.

zur nächsten Sitzung einen Anzug tragen

Karte 14

Sie müssen einen Termin telefonisch absagen. Der Termin ist um 15.00 Uhr, jetzt ist es 14.30 Uhr.

eine Uhr kaufen

Karte 15

Die Deutschhausaufgabe war: *Schreiben Sie zehn Sätze über Ihre Heimatstadt.* Sie haben nur fünf Sätze geschrieben.

früher telefonieren

Karte 16

Sie haben ein langes Gespräch mit Ihrer Kollegin geführt (sie hat Probleme), deshalb haben Sie eine wichtige E-Mail noch nicht beantwortet.

ein bisschen mehr schreiben

Partnersuche: „Gegensätze ziehen sich an" oder „Gleich und Gleich gesellt sich gern"?

Rekonstruieren Sie den Text. Bringen Sie die Abschnitte in die richtige Reihenfolge.

A

Weitere Studien mit Teilnehmern aus Deutschland, Großbritannien und Australien, die das gleiche Thema untersucht haben, kamen zu anderen Ergebnissen. Bei der Befragung von über 10 000 Paaren hatten mehr als zwei Drittel der Partner bzw. Partnerinnen unterschiedliche Eigenschaften.

B

Zur Beantwortung dieser Frage haben Wissenschaftler aus Mannheim und Köln 6 000 Paare interviewt. Das Resultat ihrer Untersuchungen ist für viele nicht überraschend: Die besten Chancen auf eine glückliche Partnerschaft haben Menschen, die sich ähnlich sind. Nach Meinung der Wissenschaftler funktioniert das Zusammenleben vor allem dann gut, wenn es eine Ähnlichkeit bei Eigenschaften in den Kategorien Verträglichkeit und Gewissenhaftigkeit gibt. Zur Verträglichkeit gehören Freundlichkeit und Empathie, zur Gewissenhaftigkeit zählen Charaktereigenschaften wie Ordentlichkeit oder Pünktlichkeit. Außerdem spielen ähnliche Interessen und Werte eine wichtige Rolle.

C

Welches Sprichwort ist richtig: „Gegensätze ziehen sich an" oder „Gleich und Gleich gesellt sich gern"? Wirkt sich Gegensätzlichkeit oder Gleichheit positiver auf eine Partnerschaft aus?

D

Die Studien ergaben zudem, dass in vielen guten Beziehungen Ähnlichkeit nicht so wichtig ist wie ein anderer Faktor: gegenseitiger Respekt. Respektvolles Verhalten bedeutet, dass man andere mit ihren Stärken und Schwächen akzeptiert und miteinander auf Augenhöhe kommuniziert. Und das kann man lernen. Vielleicht liegt hier das Geheimnis eines glücklichen Zusammenlebens.

E

In einigen Punkten kann Ähnlichkeit aber auch Nachteile haben, meinen die Forscher. Wenn zum Beispiel zwei gesprächige Menschen oder zwei sehr dominante Persönlichkeiten zusammenleben, kann diese Gleichheit die Partnerschaft negativ beeinflussen.

Romeo und Julia [A]

1. Ihre Gesprächspartnerin/Ihr Gesprächspartner erzählt Ihnen, was für einen Mann Julia sucht.
   Hören Sie zu und machen Sie sich Notizen.

   Julia sucht einen Mann,

   - ....
   - ....
   - ....
   - ....
   - ....
   - ....

2. Erzählen Sie Ihrer Gesprächspartnerin/Ihrem Gesprächspartner, was für eine Frau Romeo sucht.

   Das sind Romeos Wünsche:

   - Sie ist klug und erfolgreich.
   - Sie kann gut singen.
   - Sie ist nicht zu romantisch.
   - Er gefällt ihr sehr.
   - Er kann mit ihr viel lachen.
   - ? *(Ihr Vorschlag)*

   Romeo sucht eine Frau, die klug und erfolgreich ist …

3. Was meinen Sie?
   Können diese zwei Menschen miteinander glücklich werden? Warum (nicht)?

Romeo und Julia [B]

1. Erzählen Sie Ihrer Gesprächspartnerin/Ihrem Gesprächspartner, was für einen Mann Julia sucht.

   Das sind Julias Wünsche:

   - Er ist humorvoll und nett.
   - Er kauft ihr jeden Tag Blumen.
   - Er singt ihr jeden Abend unter ihrem Balkon ein Ständchen *(= eine Serenade)*.
   - Sie kann mit ihm lange Spaziergänge machen.
   - Sie muss sich nie über ihn ärgern.
   - ? *(Ihr Vorschlag)*

   Julia sucht einen Mann, der humorvoll und nett ist …

2. Ihre Gesprächspartnerin/Ihr Gesprächspartner erzählt, was für eine Frau Romeo sucht.
   Hören Sie zu und machen Sie sich Notizen.

   Romeo sucht eine Frau,

   - ……………………………………………………………………
   - ……………………………………………………………………
   - ……………………………………………………………………
   - ……………………………………………………………………
   - ……………………………………………………………………
   - ……………………………………………………………………

3. Was meinen Sie?
   Können diese zwei Menschen miteinander glücklich werden? Warum (nicht)?

Wir schreiben eine Telenovela

Was ist eine Telenovela?

Eine Telenovela ist ein TV-Roman. In einer Telenovela gibt es eine Heldin/einen Helden und eine oder mehrere Rollen, die das „Böse" verkörpern. Die anderen Personen sind Familienmitglieder, Kollegen und Freunde der Heldin/des Helden. Die Hauptthemen einer Telenovela sind Liebesgeschichten, Konflikte am Arbeitsplatz oder im Privatleben, Familiengeschichten. Eine Telenovela endet immer gut!

1. Wählen Sie zwei Hauptpersonen für Ihre Telenovela aus und charakterisieren Sie sie!
   (Name, Land, Beruf, Ausbildung, Alter, Hobbys, Charaktereigenschaften und Aussehen)

Person 1: ....

....

....

....

Person 2: ....

....

....

....

2. Beantworten Sie folgende Fragen.

- Wo/Wann/Wie haben sich die beiden Leute kennengelernt?
- Wie ist ihre Beziehung im Moment?
  (Sind sie zusammen? Wohnen sie zusammen? Sind sie ineinander verliebt? usw.)
- Gibt es andere wichtige Personen in der Telenovela? Wenn ja, wen?

3. Stellen Sie weitere Ideen und Vorschläge zur Handlung im Pilotfilm (Titel, Länge, Szenen usw.) zusammen.

Satzbautraining [A]

1. Kontrollieren Sie die Sätze Ihrer Nachbarin/Ihres Nachbarn.

(1) Die Frau, die ich suche, muss gut aussehen.

Frau → Mann

(2) Der Mann, den ich suche, muss gut aussehen.

gut aussehen → einen guten Charakter haben

(3) Der Mann, den ich suche, muss einen guten Charakter haben.

der Mann → der Mitarbeiter | ich → unsere Firma

(4) Der Mitarbeiter, den unsere Firma sucht, muss einen guten Charakter haben.

einen guten Charakter haben → selbstständig arbeiten können

(5) Der Mitarbeiter, den unsere Firma sucht, muss selbstständig arbeiten können.

der Mitarbeiter → die Mitarbeiter | suchen → anstellen wollen

(6) Die Mitarbeiter, die unsere Firma anstellen will, müssen selbstständig arbeiten können.

2. Bilden Sie Sätze. Verändern Sie immer nur die vorgegebenen Wörter.

(1) Er sollte so lange im Büro bleiben wie sein Chef.

er → Sie

(2) ....

so lange → länger

(3) ....

sollen → können | der Chef → die Kollegen

(4) ....

Sie → du | . → ?

(5) ....

? → ! | können

(6) ....

Satzbautraining [B]

1. Bilden Sie Sätze. Verändern Sie immer nur die vorgegebenen Wörter.

(1) Die Frau, die ich suche, muss gut aussehen.

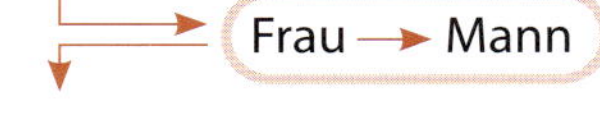

(2) ....

(3) ....

(4) ....

einen guten Charakter haben → selbstständig arbeiten können

(5) ....

der Mitarbeiter → die Mitarbeiter | suchen → anstellen wollen

(6) ....

2. Kontrollieren Sie die Sätze Ihrer Nachbarin/Ihres Nachbarn.

(1) Er sollte so lange im Büro bleiben wie sein Chef.

er → Sie

(2) Sie sollten so lange im Büro bleiben wie Ihr Chef.

so lange → länger

(3) Sie sollten länger im Büro bleiben als Ihr Chef.

sollen → können | der Chef → die Kollegen

(4) Sie könnten länger im Büro bleiben als die/Ihre Kollegen.

Sie → du | . → ?

(5) Könntest du länger im Büro bleiben als die/deine Kollegen?

? → ! | können

(6) Bleib länger im Büro als die/deine Kollegen!

Grammatik- und Wortschatztraining

1. Tragen Sie die Steigerungsformen der Adjektive in die Tabelle ein.
   Ergänzen Sie auch die Gruppenbegriffe.

Gruppe	Positiv	Komparativ	Superlativ
1. *Normalform*	billig	....	.... / ....
	wenig	....	.... / ....
	schön	....	.... / ....
2.	warm	....	.... / ....
....	kalt	....	.... / ....
....	groß	....	.... / ....
	jung	....	.... / ....
3. *Adjektive auf*	teuer	....	.... / ....
....	dunkel	....	.... / ....
4. *Adjektive auf*	frisch	....	.... / ....
....	intelligent	....	.... / ....
5. *Sonderformen*	gut	....	.... / ....
	viel	....	.... / ....
	gern	....	.... / ....
	hoch	....	.... / ....
	nah	....	.... / ....

2. Vergleichen Sie …
   - Deutschland/Österreich/die Schweiz und Ihr Heimatland.
     (z. B.: Klima, Größe, Geschäfte, Menschen, Schwierigkeitsgrad der Sprache)
   - die Stadt, in der Sie jetzt leben, und Ihr Heimatland.
     (z. B.: Größe, Lage, Klima, Mentalität der Menschen, Zahl der Freunde)
   - zwei Menschen in Ihrer Familie.
     (z. B.: Charaktereigenschaften, Aussehen, Wohnort, Alter, Hobbys)
   - Ihr Leben vor zehn Jahren und heute.
     (z. B.: Arbeit, Wohnung, Reisen, Sprachen, Anzahl der Freunde, Technologie)

Wiederholungstest

1. Bilden Sie den Komparativ und den Superlativ der Adjektive.

   1. schön → .... → am .. ..
   2. erfolgreich → .... → am .. ..
   3. gut → .... → am .. ..
   4. teuer → .... → am .. ..
   5. frisch → .... → am .. ..
   6. kalt → .... → am .. ..
   7. hoch → .... → am .. ..

.... /14 Punkte

2. Geben Sie Ratschläge.

   1. Ihr Freund hat Kopfschmerzen.

      ....

   2. Ihre Freundin ist immer müde.

      ....

   3. Ihr Onkel ist zu dick.

      ....

   4. Ihr deutscher Freund möchte Ihr Heimatland besuchen.

      ....

   5. Ihre Cousine hat oft Streit mit ihrem Partner.

      ....

.... /10 Punkte

3. Schreiben Sie kurze Texte über diese Personen. Verwenden Sie die angegebenen Wörter.

Das ist Martina Müller.

Obst und Gemüse ▪ Sport ▪ Fitnessstudio ▪ Bücher ▪ verheiratet

Das ist Paul Pfeiffer.

allein ▪ Fastfood-Restaurant ▪ nicht kochen ▪ fernsehen ▪ Freunde

....

....

....

....

.... /10 Punkte

4. Ergänzen Sie die Relativpronomen.

   1. Die Firma, bei .... ich arbeite, heißt IBM.
   2. Die Frau, ... ich suche, muss offen und nett sein.
   3. Ist das Buch, ... du liest, spannend?
   4. Ich möchte einen Chef haben, über .... ich mich nie ärgere.
   5. Das Mädchen, in .... ich mich verliebt habe, hat vier Brüder.
   6. Wir möchten ein Haus, ... am Stadtrand liegt.

.... /6 Punkte

5. Ergänzen Sie die Ausdrücke mit einem Verb im Infinitiv. Manchmal sind mehrere Verben richtig.

   1. einen guten Charakter ....
   2. im Internet Kontakt ....
   3. einer Kollegin eine E-Mail ....
   4. eine schöne Wohnung ....
   5. sich in einen Mann/eine Frau ....
   6. beruflich erfolgreich ....
   7. eine glückliche Ehe ....
   8. eine geringe Rolle ....
   9. unter Kopfschmerzen ....
   10. in Südamerika ....

.... /10 Punkte

Insgesamt: .... /50 Punkte

Prüfungsvorbereitung *Goethe-Zertifikat A2*

Prüfungsteil: Lesen Teil 3

Lesen Sie den Text. Welche Aussage ist richtig: *a, b* oder *c*?

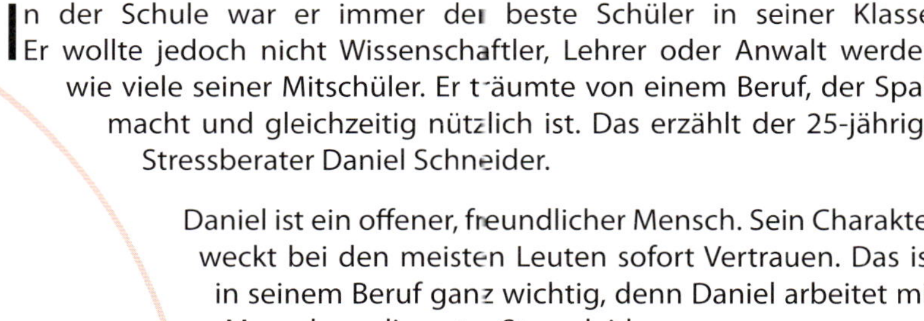

In der Schule war er immer der beste Schüler in seiner Klasse. Er wollte jedoch nicht Wissenschaftler, Lehrer oder Anwalt werden wie viele seiner Mitschüler. Er träumte von einem Beruf, der Spaß macht und gleichzeitig nützlich ist. Das erzählt der 25-jährige Stressberater Daniel Schneider.

Daniel ist ein offener, freundlicher Mensch. Sein Charakter weckt bei den meisten Leuten sofort Vertrauen. Das ist in seinem Beruf ganz wichtig, denn Daniel arbeitet mit Menschen, die unter Stress leiden.

Daniel hat an der Universität Freiburg Psychologie und Geschichte studiert. Vor Kurzem eröffnete er seine Praxis in Stuttgart, wo er mit originellen und sehr erfolgreichen Methoden arbeitet.

Die erste Ursache aller Krankheiten ist der Stress, meint Daniel. Ich helfe den Menschen, stressige Situationen zu bewältigen. Ich zeige meinen Patienten Entspannungsübungen, wir führen lange Gespräche und machen Ausflüge in die Natur. Der Kontakt zur Natur und zu den Tieren hat eine positive Wirkung auf die Menschen, deshalb rate ich meinen Patienten oft, dass sie sich ein Haustier kaufen sollen.

Mein Beruf ist nie langweilig, denn jeder Mensch ist anders und hat ein anderes Problem. Ich brauche viel Geduld, Kreativität und manchmal ein wenig Humor, aber ich möchte keinen anderen Job haben!

1. Daniel
   a) ☐ war kein guter Schüler.
   b) ☐ träumte von einer Karriere als Wissenschaftler.
   c) ☐ wollte einen Beruf, den er mag.

2. Er
   a) ☐ beschäftigt sich beruflich mit dem Thema Stress.
   b) ☐ ist ruhig und verschlossen.
   c) ☐ möchte Menschen mit psychischen Problemen heilen.

3. Daniel
   a) ☐ arbeitet als Psychologe in einer Arztpraxis.
   b) ☐ hat seine eigene Praxis.
   c) ☐ arbeitet mit traditionellen Methoden.

4. Stress
   a) ☐ hat jeder Mensch.
   b) ☐ kann schlecht für die Gesundheit sein.
   c) ☐ motiviert Menschen.

5. Daniel
   a) ☐ gibt den Patienten Medikamente.
   b) ☐ ist manchmal von seinem Beruf genervt.
   c) ☐ findet den Kontakt der Patienten zu Natur und Tieren wichtig.

Umfrage: Der ideale Wohnort [A]

1. Sie machen eine Umfrage zum Thema „Ihr idealer Wohnort".
   Fragen Sie andere Kursteilnehmer und notieren Sie ihre Antworten.

   1. Wo möchten Sie am liebsten wohnen?
      a) ☐ auf dem Land
      b) ☐ in einer Kleinstadt
      c) ☐ in einer Großstadt

   2. Wo möchten Sie nicht wohnen?
      a) ☐ in einem Bauernhaus, weit weg von der Stadt
      b) ☐ in einem Mehrfamilienhaus
      c) ☐ in einem Hochhaus

   3. Was ist für Sie sehr wichtig?
      a) ☐ Die Wohnung/Das Haus soll in der Natur liegen.
      b) ☐ Die Wohnung/Das Haus soll in der Nähe von meinem Arbeitsplatz/meinem Studienort liegen.
      c) ☐ In der Nähe des Hauses/der Wohnung soll sich eine U-Bahn-Station oder eine Bushaltestelle befinden.

   4. Gefällt Ihnen Ihr jetziges Haus/Ihre jetzige Wohnung?
      a) ☐ Ja, ich finde es/sie sehr schön.
      b) ☐ Mein Haus/Meine Wohnung ist akzeptabel.
      c) ☐ Nein, ich möchte unbedingt umziehen.

2. Werten Sie die Informationen in Kleingruppen aus. *(Ihre Kleingruppe = alle Leute mit Arbeitsblatt A)*

Redemittel

Im Durchschnitt *(sind die Befragten mit ihrer Wohnung zufrieden.)*
… Prozent der Befragten *(möchten am liebsten in einer Kleinstadt wohnen.)*
Die Befragten *(möchten)* alle *(am liebsten in einer Großstadt wohnen.)*
Eine Person *(möchte nicht in einem Hochhaus wohnen.)*
Für drei/einige/viele Menschen *(ist es wichtig, dass das Haus in der Natur liegt.)*

3. Haben Sie interessante Informationen gehört? Berichten Sie.

Umfrage: Der ideale Wohnort [B]

1. Sie machen eine Umfrage zum Thema „Ihr idealer Wohnort“.
   Fragen Sie andere Kursteilnehmer und notieren Sie ihre Antworten.

   1. Sie möchten umziehen. Welches Kriterium steht an erster Stelle?
      a) ☐ gute Einkaufsmöglichkeiten
      b) ☐ ein kurzer Weg zur Arbeit
      c) ☐ ein großer Garten

   2. Was ist für Sie sehr wichtig? Machen Sie eine Topliste.
      a) ☐ Die Wohnung soll ein ruhiges Schlafzimmer haben.
      b) ☐ Die Wohnung soll ein helles Wohnzimmer haben.
      c) ☐ Die Wohnung soll ein schönes Arbeitszimmer haben.

   3. Wie viele Zimmer soll Ihr ideales Haus/Ihre ideale Wohnung haben?
      a) ☐ zwei
      b) ☐ drei
      c) ☐ mindestens vier

   4. Mit was für Möbeln möchten Sie Ihre ideale Wohnung einrichten?
      a) ☐ mit modernen Möbeln
      b) ☐ mit einfachen, vielleicht traditionellen Möbeln
      c) ☐ mit teuren Möbeln, am liebsten im Barockstil

2. Werten Sie die Informationen in Kleingruppen aus. *(Ihre Kleingruppe = alle Leute mit Arbeitsblatt B)*

Redemittel

Im Durchschnitt *(wünschen sich die Befragten gute Einkaufsmöglichkeiten.)*
… Prozent der Befragten *(wünschen sich einen großen Garten.)*
Die Befragten *(möchten)* alle *(ein helles Wohnzimmer haben.)*
Eine Person *(möchte nur zwei Zimmer in ihrer idealen Wohnung haben.)*
Für drei/einige/viele Menschen *(möchten die Wohnung mit modernen Möbeln einrichten.)*

3. Haben Sie interessante Informationen gehört? Berichten Sie.

Das Leben in der Stadt und im Vorort

1. Vergleichen Sie die beiden Umgebungen: die Villa im Vorort und das Hochhaus in der Stadt.

groß ▪ angenehm ▪ bequem ▪ hoch ▪ grün ▪ schön ▪ modern ▪ ruhig ▪ laut ▪ gut (für Kinder/junge Leute) ▪ interessant ▪ spannend ▪ weit weg von der Stadt ▪ lustig ▪ dem Zentrum *(Dativ)* nah ▪ …

2. Sammeln Sie Argumente für und gegen die beiden Wohntypen.

Hektik/Lärm ▪ Ruhe ▪ hohe/niedrige Mieten ▪ viel/wenig Verkehr ▪ viele/wenige/keine Parkplätze ▪ öffentliche Verkehrsmittel ▪ viel/wenig Platz zum Wohnen ▪ lange/kurze Wege zur Arbeit ▪ Einkaufsmöglichkeiten ▪ Aussicht ▪ ruhige Umgebung ▪ Garten ▪ Haustiere ▪ Restaurants ▪ Freizeitmöglichkeiten ▪ Qualität von Schulen und Kindergärten ▪ Freunde in der Umgebung ▪ …

Vorteile	Nachteile
....	....
....	....
....	....
....	....
....	....
....	....
....	....
....	....
....	....
....	....
....	....

Als ich …

Karte 1	Karte 2	Karte 3	Karte 4
Als ich heute zum Deutschkurs gekommen bin, …	Als ich einmal wirklich lecker gegessen habe, …	Als ich zum ersten Mal in den Deutschkurs gekommen bin, …	Als ich letztes Mal allein zu Hause war, …

Karte 5	Karte 6	Karte 7	Karte 8
Als ich zum ersten Mal eine Prüfung machen musste, …	Als ich meinen letzten Geburtstag gefeiert habe, …	Als ich einmal in Deutschland/Österreich/der Schweiz war, …	Als ich letztes Mal Urlaub gemacht habe, …

Karte 9	Karte 10	Karte 11	Karte 12
Als ich heute Morgen aufgestanden bin, …	Als ich noch in der Schule war, …	Als ich mich zum ersten Mal verliebt habe, …	Als ich sieben Jahre alt war, …

Karte 13	Karte 14	Karte 15	Karte 16
Als ich zum ersten Mal ohne meine Eltern Urlaub machen durfte, …	Als ich gestern Abend nach Hause gekommen bin, …	Als mich letztes Mal jemand besucht hat, …	Als ich mich letztes Mal entspannen wollte, …

Als ich ein Kind war …

1. Diskutieren Sie in Kleingruppen. Sammeln Sie Gemeinsamkeiten.

   Als ich ein Kind war …
   - hatte ich keine/große Lust …
   - hatte ich keine/viel Zeit …
   - hatte ich den Wunsch …
   - war es leicht für mich …
   - war es schwer für mich …
   - war es mir erlaubt …
   - war es mir verboten …
   - hatte ich vor …

Redemittel

- etwas *(N)* werden
- als etwas *(N)* arbeiten
- mit etwas/jemandem *(D)* spielen
- etwas *(A)* lernen
- in/bei … wohnen
- nach/in/zu … gehen
- etwas *(A)* reparieren
- mit etwas *(D)* fahren
- etwas *(A)* trinken/essen
- …

Das Paradies am Rande der Stadt

Ergänzen Sie die Präpositionen und die Artikel, wenn nötig, im Text.

Sie suchen ein grünes Gartenparadies ....(1) Rande der Stadt, wo Sie sich ....(2) Wochenende ....(3) einem Stück Wiese sonnen oder Ihr eigenes Gemüse anbauen können?

Dann müssen Sie zuerst, wie so oft ....(4) Deutschland, einem Verein beitreten, genauer gesagt einem Kleingartenverein. Denn nur Vereinsmitglieder haben die Chance, einen Garten zu mieten. Die Idee, sich im Grünen ....(5) Stress der Arbeit zu erholen, ist schon alt. Sie stammt ....(6) dem Jahre 1861 ....(7) den Ärzten und Pädagogen Ernst Hauschild und Daniel Schreber.

................(8) Dr. Daniel Gottlob Moritz Schreber haben die Kleingärten auch ihren Namen „Schrebergärten" bekommen. Die historische Kleingartenanlage „Dr. Schreber" steht heute ....(9) Leipzig unter Denkmalschutz. Vor allem in Zeiten wirtschaftlicher Not, z. B. ....(10) Zweiten Weltkrieg, diente der Kleingarten nicht nur ....(11) Erholung, sondern auch ....(12) Überleben. Viele Kleingärtner bauten Gemüse an und ermöglichten ihrer Familie ....(13) diese Weise eine bessere Ernährung.

Doch wer denkt, die Zeit des Kleingartens ist vorbei, der irrt sich. Junge Familien haben den Garten ....(14) sich entdeckt. Hier können die Kinder ....(15) Grünen spielen und das eigene Gemüse wächst nach dem eigenen Ökokonzept.

Haus und Garten

Haus und Garten

anbauen

Haus und Garten

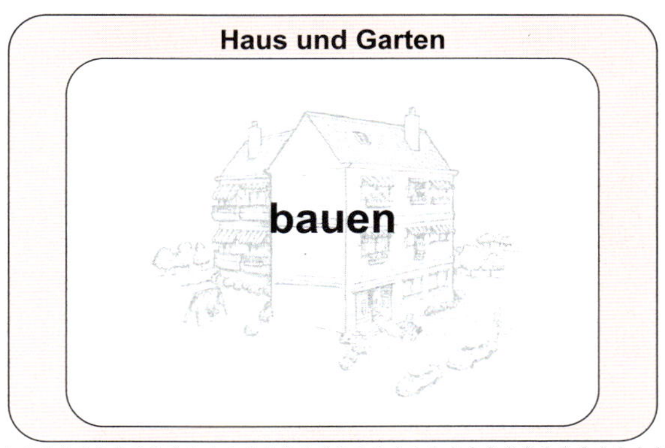

bauen

Haus und Garten

reparieren

Haus und Garten

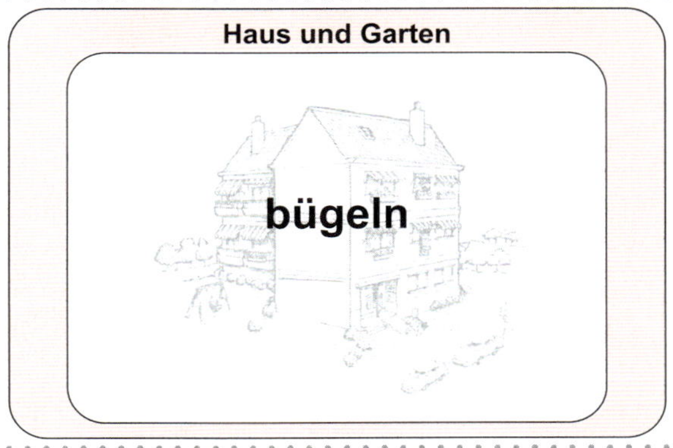

bügeln

Haus und Garten

tapezieren

Haus und Garten

anbringen

Haus und Garten

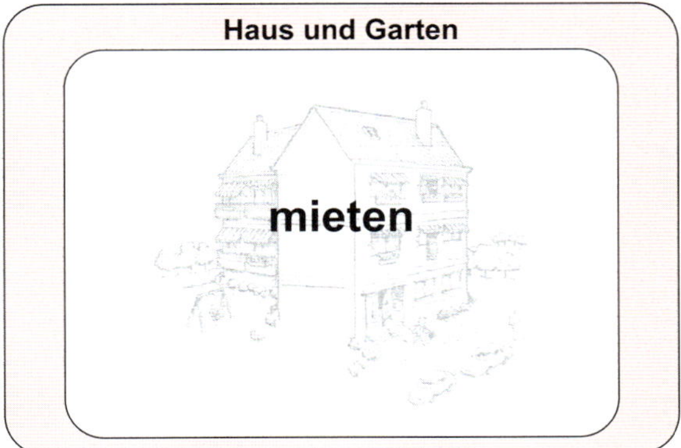

mieten

Haus und Garten

sauber machen

Im Restaurant

Spielen Sie den Dialog nach.

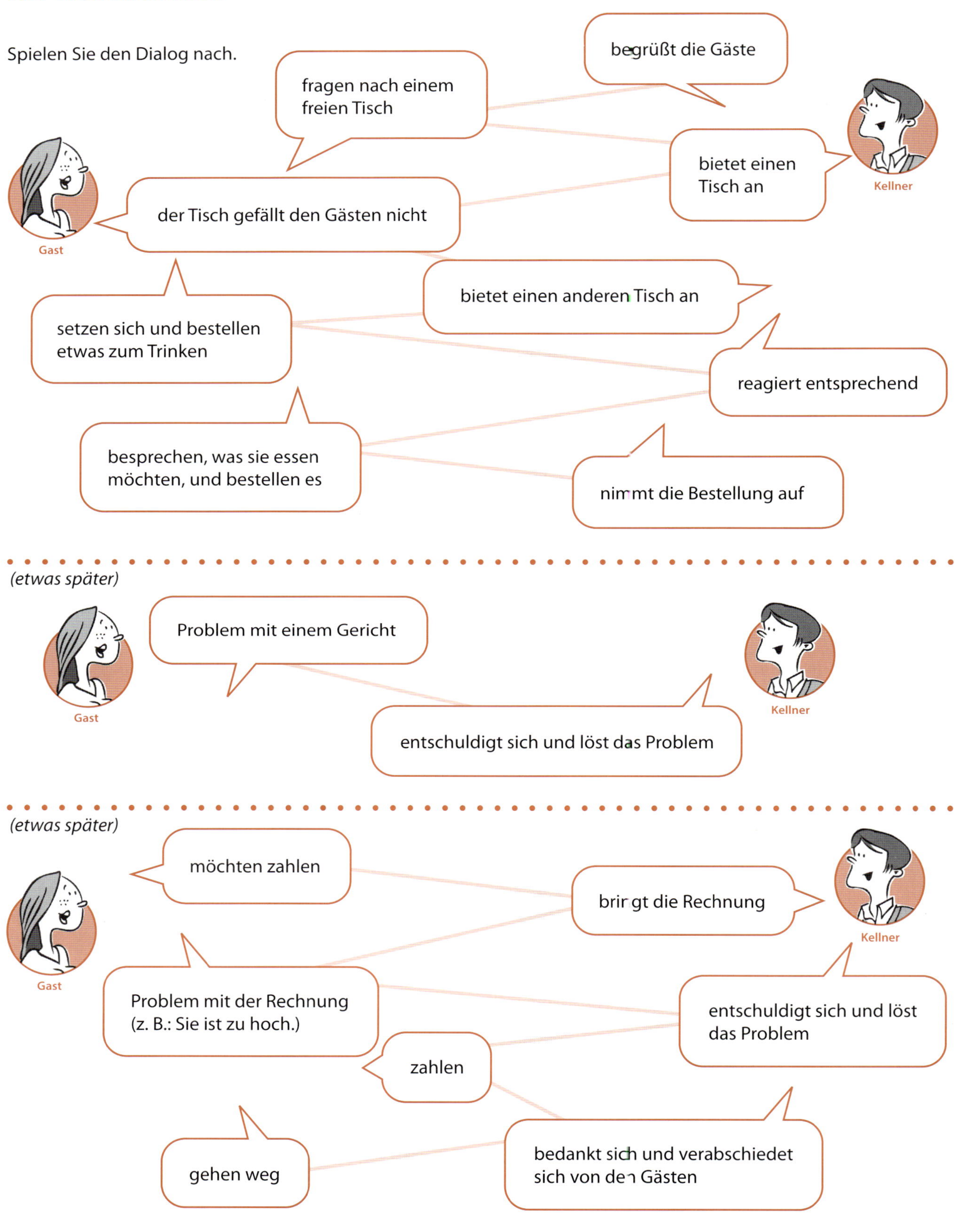

Grammatik- und Wortschatztraining

1. Ergänzen Sie die Tabelle. Geben Sie auch die Kurzformen und die Adjektivendungen an.

Beachten Sie:

Wohin? → Präposition + *Akkusativ*
Wo? → Präposition + *Dativ*

maskulin	feminin	neutral	Plural
an den alten Tisch an dem (=am) alten Tisch	an die rote Couch an	an das (=ans) neue Bett an	an die großen Schränke an ....
auf	....	....	....
mit	....	....	....
....	....	....	....
....	....	....	....
....	....	....	....
....	....	....	....
....	....	....	....
....	....	....	....

2. Schreiben Sie möglichst viele thematische Beispielsätze. Wählen Sie dazu drei Stichpunkte aus.

a) Küche
b) Haus, Wohnung
c) Schule, Deutschkurs
d) Urlaub, Reisen
e) Geschäft, Restaurant
f) Hobby, Freizeit

Das bunte Bild hängt an der blauen Wand. Die neue Lampe …

Wiederholungstest

1. Beschreiben Sie die Position von sieben Gegenständen in Ottos Wohnzimmer. Verwenden Sie in jedem Satz eine andere Präposition.

....

....

....

....

....

....

....

....

....

.... /14 Punkte

2. Ergänzen Sie die Satzverbindungen.

aber ▪ als ▪ denn ▪ deshalb ▪ obwohl ▪ trotzdem ▪ weil ▪ wenn

1. .... ich ein Jahr alt war, konnte ich noch nicht sprechen.
2. .... du Lust hast, können wir heute Nachmittag eine kleine Fahrradtour machen.
3. Paula soll keine Süßigkeiten essen, ... hat sie sich ein großes Schokoladeneis gekauft.
4. Luise geht ins Schwimmbad, ... sie nicht schwimmen kann.
5. Wir hatten gestern Besuch, ... konnte ich dich nicht anrufen.
6. Herr Grün hat einen Kleingarten, ... er sein eigenes Gemüse essen möchte.
7. Familie Schulze hat auch einen Kleingarten, ... sie baut dort nichts an.
8. Heute machen wir einen gemütlichen Abend zu Hause, ... wir möchten uns vom Stress der Arbeit erholen.

.... /8 Punkte

3. Was kann man …? Ergänzen Sie die Ausdrücke.

ein Hemd ▪ Fisch ▪ eine Garage ▪ den Garten ▪ Gemüse ▪ den Kühlschrank ▪ neue Möbel ▪ eine Steckdose ▪ die Wände ▪ das Wohnzimmer

1. .... bügeln
2. .... neu streichen
3. .... reparieren
4. .... bauen
5. .... anbringen
6. .... in Ordnung bringen
7. .... tapezieren
8. .... bestellen
9. .... anbauen
10. .... essen

.... /10 Punkte

4. Beantworten Sie die Fragen in ganzen Sätzen.
   1. Welche Kräuter mögen Sie? *(drei Kräuter)*

      ....

   2. Was essen Sie zum Frühstück? *(zwei Sachen)*

      ....

   3. Wo haben Sie zum letzten Mal lecker gegessen? *(ein Ort)*

      ....

   4. Wozu hatten Sie gestern keine Lust? *(zwei Sachen)*

      ....

   5. Was ist in Ihrer Wohnung verboten? *(zwei Sachen)*

      ....

.... /10 Punkte

5. Im Restaurant. Ergänzen Sie die passenden Verben.
   1. Was .... ihr trinken?
   2. Hat Ihnen das Abendessen ....?
   3. Ich .... gern ein Glas Wasser ohne Kohlensäure.
   4. .... wir bitte noch etwas Salz haben?
   5. Das Essen .... köstlich.
   6. Die Rechnung bitte. Ich möchte ....
   7. Haben Sie auch schon etwas zum Essen ....?
   8. Mein Sohn .... keinen Hunger, deshalb möchte er jetzt nichts essen.

.... /8 Punkte

Insgesamt: .... /50 Punkte

Prüfungsvorbereitung *Goethe-Zertifikat A2*

Prüfungsteil: Schreiben Teil 2

Schreiben Sie eine kurze E-Mail (ca. 40 Wörter) an Ihren österreichischen Freund.
Sie sind in eine neue Wohnung umgezogen. Sie möchten, dass Ihr Freund Sie besucht.

Hier finden Sie einige mögliche Punkte für Ihre Antwort. Wählen Sie drei davon aus. Vergessen Sie die Gruß- und die Abschiedsformel nicht.

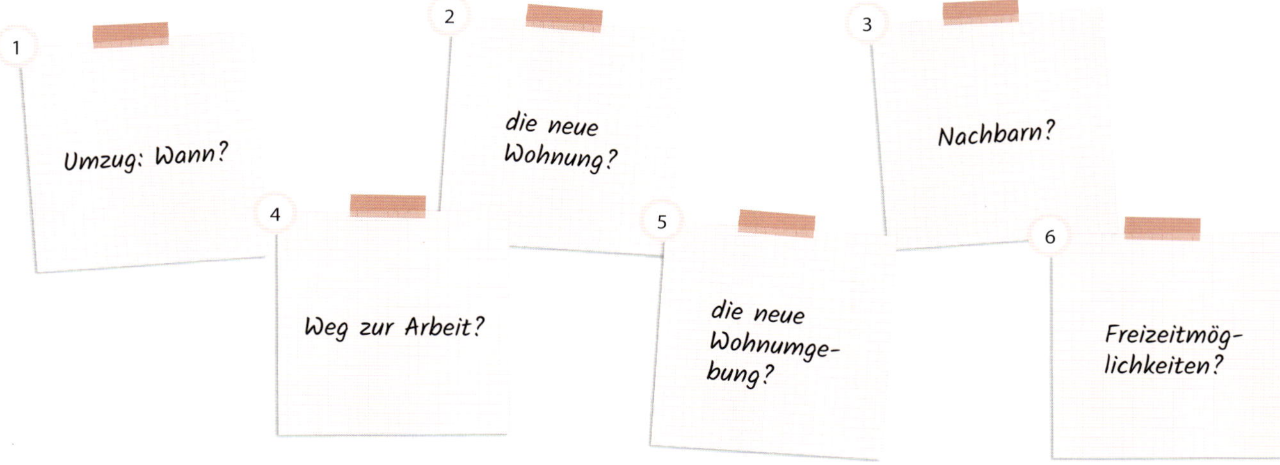

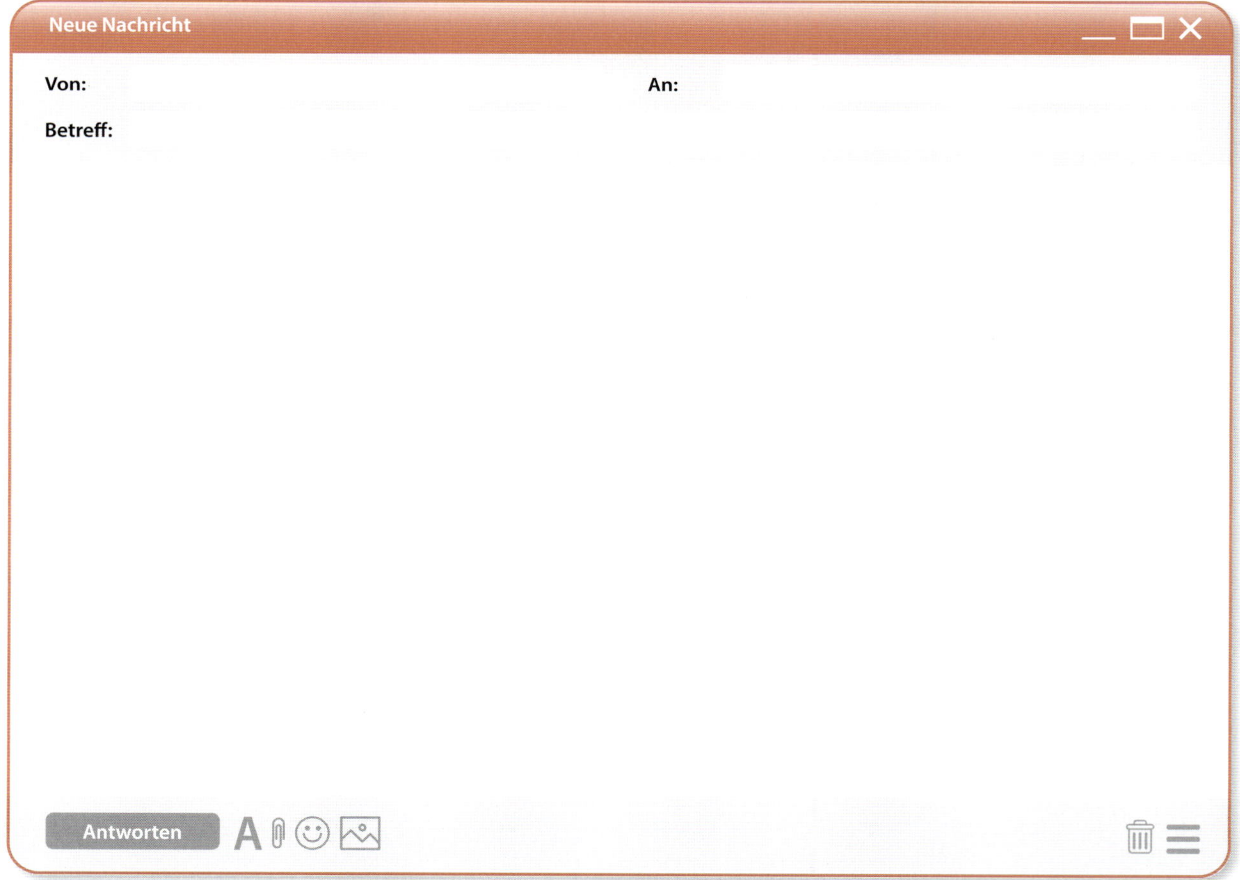

Nachrichten

Jeder macht Fehler, Journalisten auch. Die Nachrichten in Ihrem Buch (A5) sind richtig, aber diese Nachrichten enthalten jeweils zwei falsche Angaben. Unterstreichen und korrigieren Sie sie.

1

Banken verschlafen neuen Trend

Schon heute besitzen die über Fünfzigjährigen 48 Prozent des Geldvermögens in Deutschland. Finanzexperten glauben, dass dieser Anteil in den nächsten 20 Jahren auf 55 Prozent steigt. Doch nur 30 Prozent der Bankberater interessieren sich für ältere Menschen und nur 20 Prozent der Finanzprodukte sind für Kunden über 50 geeignet. Ein Grund für das Desinteresse ist, dass viele Banken bei ihren Umstrukturierungen ältere Mitarbeiter entlassen haben und die jüngeren Bankberater keinen guten Kontakt zu älteren Menschen aufbauen können.

2

Kuh klingelt

Handys werden immer kleiner und teurer, aber ist das für alle ein Vorteil? In dem arabischen Land Oman half ein Mädchen ihrer Mutter beim Füttern der Schweine. Danach vermisste sie ihr Mobiltelefon. Als sie ihre Nummer von einem anderen Apparat aus wählte, hörte sie ein leises Klingeln. Das Klingeln kam aus dem Bauch einer Kuh. Der Kuh hat das Handy offensichtlich geschmeckt.

3

Lotto-Glück

Ein Sportler in Osnabrück hatte Glück: Stolz präsentierte er seiner Frau einen Lottoschein mit sechs richtigen Zahlen. Sein Gewinn betrug 355 000 Euro. Als seine Frau ebenfalls einen Lottoschein mit sechs richtigen Zahlen aus ihrer Tasche zog, war die Überraschung groß. Die Ehepartner haben das Lottospielen voreinander verheimlicht. „Jetzt müssen wir unseren Gewinn glücklicherweise nicht teilen", sagten die beiden Gewinner.

4

Kaffeefirma verkauft Billigtickets

Die Kaffeefirma Tchibo verkauft in einer Sonderaktion Europa-Flüge der Lufthansa. Mit Preisen ab 97 Euro für Hin- und Rückflug inklusive Steuern und Flughafengebühren unterbietet die Lufthansa ihre eigenen Billigangebote. Die Direktflüge werden in insgesamt 21 Städte der Welt angeboten.

5

Eröffnung der Leipziger Buchmesse

Die Leipziger Buchmesse wird heute Abend im Gewandhaus feierlich eröffnet. 2 547 Aussteller aus 46 Ländern präsentieren ihre neuen Bücher und Zeitschriften. Unter dem Motto „Leipzig liest" haben die Veranstalter 3 400 Lesungen und Diskussionen geplant. In Leipzig werden 280 000 Aussteller erwartet.

Was wird hier gemacht?

Sammeln Sie Ausdrücke.

1. auf einer Geburtstagsparty:
2. in einem Geschäft:
3. im Deutschkurs/in der Schule:
4. im Reisebüro:
5. im Urlaub:
6. bei (der) Arbeit:

Komposita

Bilden Sie zusammengesetzte Wörter zu den Themen. Geben Sie auch Artikel und Plural an.

1. Politik

a) Partei-	-minister	*das Parteimitglied, -er*
b) Bomben-	-anschlag	....
c) Außen-	-regierung	....
d) Gesprächs-	-mitglied	....
e) Landes-	-thema	....

2. Kultur

a) Ausstellungs-	-werk	....
b) Kunst-	-vorstellung	....
c) Tanz-	-besucher	....
d) Theater-	-messe	....
e) Buch-	-veranstaltung	....

3. Wirtschaft

a) Finanz-	-firma	....
b) Billig-	-haushalt	....
c) Steuer-	-bedingungen *(Pl.)*	....
d) Kaffee-	-angebot	....
e) Arbeits-	-erhöhung	....

4. Sport

a) Welt-	-liga	....
b) Halb-	-endspiel	....
c) Bundes-	-meister	....
d) Tor-	-zeit	....
e) Pokal-	-hüter	....

5. Reisen

a) Billig-	-flug	....
b) Flughafen-	-gebühr	....
c) Flug-	-angebot	....
d) Zug-	-zeug	....
e) Direkt-	-fahrkarte	....

Das neue Stadtbild [1]

Das ist die Planung für die Umgestaltung des Zentrums der Stadt Badenau.
Beschreiben Sie die Lage der Gebäude.

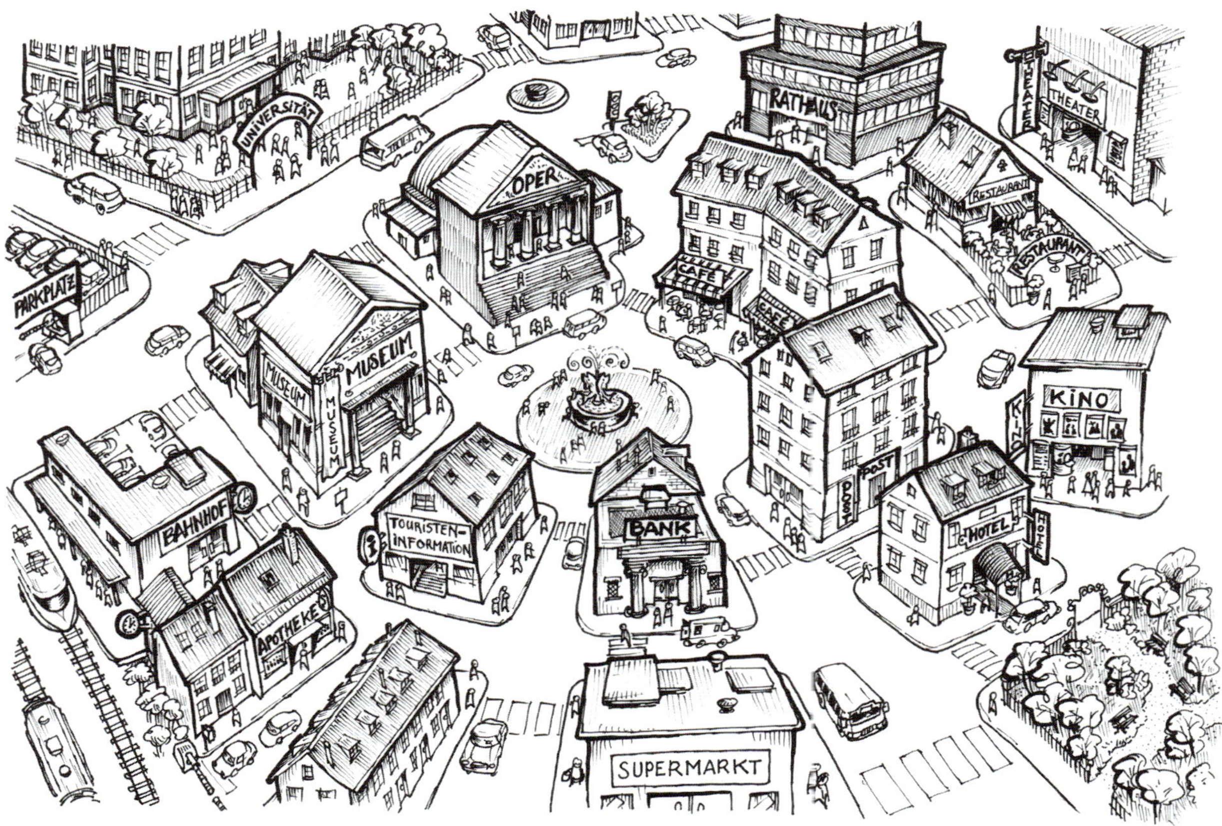

Hinter der Bank wird ein großer/moderner Supermarkt gebaut.

Das neue Stadtbild [2]

Karte 1

Apotheke neben dem Bahnhof?
Nein! Keiner findet sie.

Karte 2

Kein Restaurant mehr:
Es gibt schon ungefähr 20 in der Stadtmitte!

Karte 3

Warum ein Kino?
Jeder hat einen Fernseher!

Karte 4

Autos in der Stadtmitte verbieten:
Sie verschmutzen nur die Luft, lieber Fahrradwege anlegen!

Karte 5

Im Kreisverkehr:
Keinen Brunnen anlegen, sondern eine schöne Statue aufstellen, die verbraucht kein Wasser!

Karte 6

Warum ein Museum?
Lieber etwas für junge Leute!
Sonst gehen die jungen Leute aus der Stadt weg.

Karte 7

Die Stadt braucht keine Bank, sondern eine schöne, moderne Schule!

Karte 8

Die Oper ist eine schlechte Idee:
Lieber einen Konzertsaal für andere Musikrichtungen bauen!

Gegenstände

Gebrauchsanleitungen

Ergänzen Sie die Präpositionen und die Artikelendungen in den Dialogen.

Verkäuferin:	Also, ... dies........ Taste können Sie das Gerät ein- und ausschalten. Füllen Sie das Gerät zuerst .... frisch........ Wasser auf.
Kunde:	Kann ich es auch .... Mineralwasser auffüllen? Oder .... Milch?
Verkäuferin:	Nein, das sollten Sie nie tun. Gießen Sie immer frisches, kaltes Wasser .... d........ Wassertank, nie etwas anderes. Die Wassermenge können Sie hier .... d........ Seite ablesen, sehen Sie hier.
Kunde:	Ah, ja ...
Verkäuferin:	Danach müssen Sie den Filter .... d........ Kaffee hier oben einsetzen. Hier unten kommt dann die Kanne hin. Sie müssen aufpassen, dass .... d........ Kanne immer der Deckel ist, sonst läuft der Kaffee nicht durch. Drücken Sie dann diese rote Taste.

Verkäuferin:	Kommen Sie, ich erkläre Ihnen, wie die Maschine bedient wird. Es ist nicht schwer: .... dies........ Fenster können Sie die Wäsche .... d........ Maschine geben. Machen Sie die Maschine immer voll, das ist besser .... d........ Umwelt.
Kunde:	Ja, aber werden die Sachen sauber, wenn die Maschine ganz voll ist?
Verkäuferin:	Aber natürlich. Das hier ist der Programmwähler. Damit können Sie die Programme auswählen, und hier rechts können Sie die Waschtemperatur einstellen. Sie müssen den Schalter nur .... d........ gewünschte Temperatur stellen.
Kunde:	Also das .... d........ Temperatur verstehe ich ja, aber was meinen Sie .... Waschprogramm?
Verkäuferin:	Nun, es gibt verschiedene Programme .... weiß........ Wäsche, bunt........ Wäsche oder zum Beispiel Wolle. Wolle muss man sehr vorsichtig waschen.
Kunde:	Ach so.
Verkäuferin:	Wenn Sie also das Waschprogramm und die Temperatur eingestellt haben, drücken Sie .... d........ Start-Taste. .... d........ Waschen schaltet sich die Maschine automatisch aus. Dann können Sie die Wäsche .... d........ Trommel nehmen.

Satzbautraining [A]

1. Kontrollieren Sie die Sätze Ihrer Nachbarin/Ihres Nachbarn.

(1) Meiner Meinung nach sollten alle Menschen am Wochenende mit dem Fahrrad fahren.

ich → er | sollen → können

(2) Seiner Meinung nach könnten alle Menschen am Wochenende mit dem Fahrrad fahren.

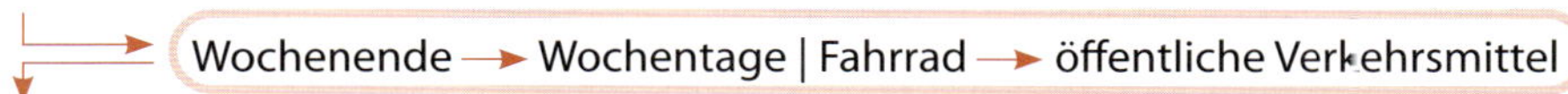

(3) Seiner Meinung nach könnten alle Menschen an (den) Wochentagen mit (den) öffentlichen Verkehrsmitteln fahren.

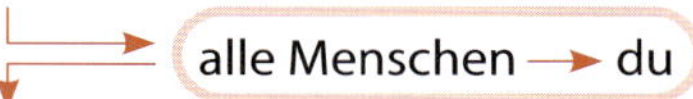

(4) Seiner Meinung nach könntest du an (den) Wochentagen mit (den) öffentlichen Verkehrsmitteln fahren.

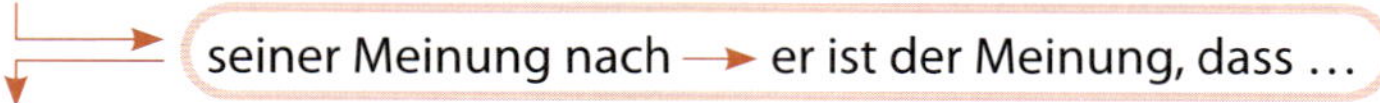

(5) Er ist der Meinung, dass du an (den) Wochentagen mit (den) öffentlichen Verkehrsmitteln fahren könntest.

du → jedermann | können → müssen

(6) Er ist der Meinung, dass jedermann an (den) Wochentagen mit (den) öffentlichen Verkehrsmitteln fahren müsste.

2. Bilden Sie Sätze. Verändern Sie immer nur die vorgegebenen Wörter.

(1) Drücken Sie auf die rote Taste, um das Kopiergerät einzuschalten!

(2) ....

Taste → Knopf | Kopiergerät → Kaffeemaschine

(3) ....

! → ? | einschalten → ausschalten

(4) ....

(5) ....

auf den Knopf drücken → den Knopf nach links drehen

(6) ....

Satzbautraining [B]

1. Bilden Sie Sätze. Verändern Sie immer nur die vorgegebenen Wörter.

(1) Meiner Meinung nach sollten alle Menschen am Wochenende mit dem Fahrrad fahren.

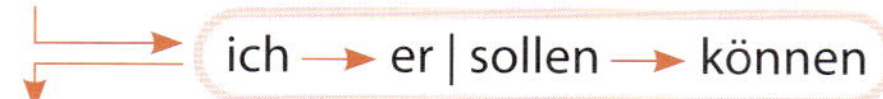

(2) ....

(3) ....

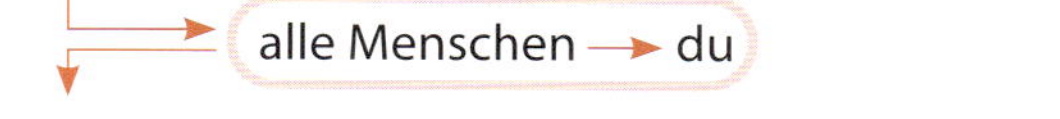

(4) ....

seiner Meinung nach → er ist der Meinung, dass …

(5) ....

du → jedermann | können → müssen

(6) ....

2. Kontrollieren Sie die Sätze Ihrer Nachbarin/Ihres Nachbarn.

(1) Drücken Sie auf die rote Taste, um das Kopiergerät einzuschalten!

Sie → du

(2) Drück auf die rote Taste, um das Kopiergerät einzuschalten!

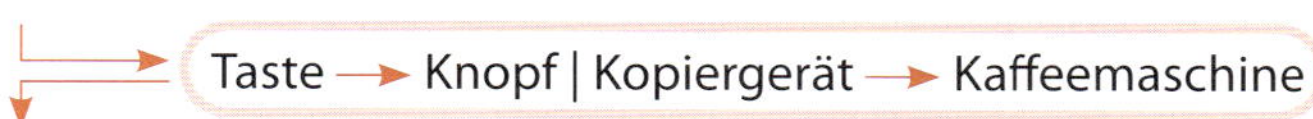

(3) Drück auf den roten Knopf, um die Kaffeemaschine einzuschalten!

(4) Drückst du auf den roten Knopf, um die Kaffeemaschine auszuschalten?

(5) Habt ihr auf den roten Knopf gedrückt, um die Kaffeemaschine auszuschalten?

(6) Habt ihr den roten Knopf nach links gedreht, um die Kaffeemaschine auszuschalten?

Grammatik- und Wortschatztraining

1. Ergänzen Sie die Tabellen zum Passiv im Präsens und im Präteritum.

Präsens

ich	*werde*	gefragt	wir	....	gefragt
du	....	gefragt	ihr	....	gefragt
er/sie/es	....	gefragt	sie/Sie	....	gefragt

Präteritum

ich	....	gefragt	wir	....	gefragt
du	....	gefragt	ihr	....	gefragt
er/sie/es	....	gefragt	sie/Sie	....	gefragt

2. Bilden Sie Passivsätze mit den vorgegebenen Verben. Verwenden Sie in jedem Satz ein anderes Substantiv.

Infinitiv	Satz im Passiv Präsens/Präteritum
reparieren	*Die Waschmaschine wird/wurde repariert.*
bringen	....
behandeln	....
herausgeben	....
anbauen	....
einschalten	....
fotokopieren	....
sprechen	....
anbieten	....
füllen	....
buchen	....
verletzen	....
führen	....
bedienen	....
schreiben	....
schneiden	....
anbringen	....
kaufen	....
lesen	....
organisieren	....
essen	....
trinken	....

Wiederholungstest

1. Wie heißen die Artikel?

1. .... Mörder	6. .... Zeitschrift
2. .... Fluggesellschaft	7. .... Handy
3. .... Rasierapparat	8. .... MP3-Spieler
4. .... Taste	9. .... Windenergie
5. .... Regierung	10. .... Gesprächsthema

.... /10 Punkte

2. Wozu braucht man diese Gegenstände? Definieren Sie. Schreiben Sie zu jedem Gegenstand einen Satz mit *um ... zu*.

1 
2 
3 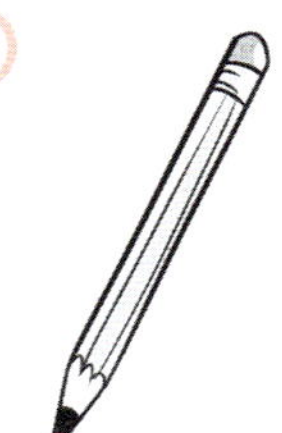
4 
5 

1. ....
2. ....
3. ....
4. ....
5. ....

.... /10 Punkte

3. Bilden Sie Passivsätze im Präsens oder im Präteritum.

- Eine Fluggesellschaft bietet Direktflüge nach Peking an.
  Von einer Fluggesellschaft werden Direktflüge nach Peking angeboten.

1. Der Gärtner baut hier Gemüse und Kräuter an.
   ....
2. Ein berühmter Maler eröffnete die Ausstellung.
   ....
3. Man tapeziert gerade unser Wohnzimmer.
   ....
4. Man behandelt diese Patienten mit Antibiotika.
   ....
5. Man gab diese Zeitung früher in Stuttgart heraus.
   ....

.... /10 Punkte

4. Ergänzen Sie die Artikel.

   1. Hinter d......... Schwimmbad baut man eine neue Sporthalle.
   2. Die Preise für d......... öffentlichen Verkehrsmittel sind teurer geworden.
   3. Ich bin mit Ihr......... Meinung nicht einverstanden.
   4. Wir sind gegen dein......... Vorschlag.
   5. Stefanie hängt ein Bild an d......... Wand.
   6. Gestern Nachmittag waren wir bei unser......... Nachbarn.
   7. Die spanische Außenministerin ist gestern zu ein......... Besprechung in d......... Türkei geflogen.
   8. Die Mannschaft hat sich über ihr......... Sieg sehr gefreut.
   9. Ich fahre heute mit d......... Bus zur Arbeit.

.... /10 Punkte

5. Ergänzen Sie die Ausdrücke mit einem Verb. Geben Sie auch das Perfekt der Verben an.

   1. Verhandlungen ....
   2. eine Zeitschrift ....
   3. einen Wettkampf ....
   4. Steuern ....
   5. ein Angebot ....

.... /10 Punkte

Insgesamt: .... /50 Punkte

Prüfungsvorbereitung *Goethe-Zertifikat A2*

Prüfungsteil: Lesen Teil 2

Sie sind am Kiosk und brauchen verschiedene Zeitschriften. In welchem Regal finden Sie sie?
Kreuzen Sie an: *a, b* oder *c*.

1. Sie möchten die aktuellen Nachrichten auf Arabisch lesen.

   a) ☐ Regal 1 b) ☐ Regal 3 c) ☐ Regal 5

2. Sie suchen nach einem Magazin für Ihre sechsjährige Nichte.

   a) ☐ Regal 3 b) ☐ Regal 4 c) ☐ ein anderes Regal

3. Ihre Tante interessiert sich für Sport. Sie möchten ihr eine passende Zeitschrift kaufen.

   a) ☐ Regal 2 b) ☐ Regal 4 c) ☐ ein anderes Regal

4. Sie möchten ein besonderes Menü für den Geburtstag Ihres Onkels zusammenstellen.
   Sie brauchen Inspiration.

   a) ☐ Regal 3 b) ☐ Regal 4 c) ☐ Regal 5

5. Sie möchten wissen, was die Bundeskanzlerin/der Bundeskanzler gestern im Parlament gesagt hat.

   a) ☐ Regal 1 b) ☐ Regal 2 c) ☐ Regal 4

Regal 1
- Fernsehzeitungen
- Unterhaltung
- Illustrierte
- Frauenzeitschriften
- Hochzeitsmagazine
- Kreuzworträtsel
- Ratgeber

Regal 2
- Umwelt und Technik
- Politik
- Wissenschaft und Forschung
- Fachzeitschriften
- Wirtschaft
- Finanzen und Börse
- deutschsprachige Tageszeitungen

Regal 3
- literarische Magazine
- Musikzeitschriften
- Fotografie
- Bildende Künste
- Zeitschriften für Kinder und Jugendliche

Regal 4
- Möbel und Haushaltsgeräte
- Dekotipps
- Mode
- Schönheit und Körperpflege
- gesunde Ernährung

Regal 5
- fremdsprachige Tageszeitungen
- Kochrezepte
- Fitness und Wellness
- Gartenpflege
- Zeitungen zum Sprachenlernen

Die Autorinnen danken Ingrid Grigull für die Erstellung des Lösungsteils.

1 Ausbildung und Tätigkeiten

Arbeitsblatt 1 (Seite 52)

Pedro: **1.** Name **2.** 33 **3.** Geburtsort **4.** Schule **5.** Biologie **6.** Studium **7.** Master(diplom) **8.** Studium **9.** Firma **10.** Stelle **11.** arbeite **12.** Patente **13.** verheiratet **14.** Frau **15.** Wohnung **16.** Freizeit **17.** Fachzeitschriften

Martina: **1.** Klein **2.** Berlin **3.** Berlin **4.** Schule **5.** Ausbildung **6.** Büromanagement **7.** Büromanagerin **8.** E-Mails **9.** Kunden **10.** Termine **11.** ledig **12.** Eltern **13.** Freunden **14.** Kino

Arbeitsblatt 2 (Seite 53)

1. Haben Sie gestern E-Mails geschrieben und beantwortet? **2.** Haben Sie gestern mit Freunden/Kunden telefoniert? **3.** Haben Sie gestern Termine vereinbart? **4.** Haben Sie gestern mit Kollegen ein Gespräch geführt? **5.** Sind Sie gestern mit dem Auto gefahren? **6.** Haben Sie gestern im Stau gestanden? **7.** Haben Sie gestern einen Kurs besucht? **8.** Haben Sie gestern ein Problem gelöst? **9.** Haben Sie gestern Bücher/Zeitungen gelesen? **10.** Haben Sie gestern ein Projekt präsentiert? **11.** Haben Sie gestern Musik gehört? **12.** Haben Sie gestern einen Film gesehen? **13.** Haben Sie gestern ferngesehen? **14.** Haben Sie gestern lecker gegessen? **15.** Haben Sie gestern Bier getrunken? **16.** Haben Sie gestern Essen gekocht? **17.** Haben Sie gestern im Internet gesurft? **18.** Haben Sie gestern Freunde besucht? **19.** Haben Sie gestern Fußball gespielt?

Kapitel 1: Arbeitsblatt 4 (Seite 66)

Karte 1: sich schminken **Karte 2:** sich waschen/rasieren
Karte 3: sich anziehen **Karte 4:** sich erinnern
Karte 5: sich ärgern **Karte 6:** sich streiten
Karte 7: sich entspannen **Karte 8:** sich vorstellen
Karte 9: sich interessieren

Arbeitsblatt 6 (Seite 68)

Beispiele: Normalerweise frühstückt sie gegen 8.00 Uhr, gestern hatte sie keinen Hunger. Gestern ist sie mit dem Bus zur Arbeit gefahren, obwohl sie sonst das Auto nimmt. Normalerweise liest sie ihre E-Mails und kocht Kaffee für ihren Chef, aber gestern musste sie mehr als 50 E-Mails beantworten. Ihre Kollegin Martina bringt sich immer Brot mit, gestern hat sie sich ein Brötchen mitgebracht und es gegessen. Normalerweise hat Kathrin 17.30 Uhr Feierabend, gestern ist sie erst um 18.00 Uhr gegangen.

Arbeitsblatt 7 (Seite 69)

Beispiele: **Karte 1:** Das ist der Koffer deiner Kollegin. Das sind die Briefmarken deiner Kollegin.
Karte 2: Das ist der Schlüssel meines Schwagers. Das ist der Kamm meines Schwagers. **Karte 3:** Das ist die Uhr des Chefs. Das sind die Socken des Chefs. **Karte 4:** Das ist das Eis dieses Mädchens. Das ist die Kamera dieses Mädchens. **Karte 5:** Das ist die Waschmaschine unserer Eltern. Das ist das Wörterbuch unserer Eltern. **Karte 6:** Das sind die Kirschen eines Freundes. Das sind die Sportschuhe eines Freundes. **Karte 7:** Das ist die Schokolade des Kindes. Das ist das Aquarium des Kindes. **Karte 8:** Das ist Ursulas Tasche. Das ist Ursulas Gitarre.
Karte 9: Das ist der Hund eurer Großeltern. Das ist die Katze eurer Großeltern. **Karte 10:** Das sind die Gläser der Verkäuferin. Das ist das Portemonnaie der Verkäuferin. **Karte 11:** Das ist der Laptop/Computer meines Mitbewohners. Das ist der Ausweis meines Mitbewohners. **Karte 12:** Das ist das Auto des Popsängers. Das ist die Brille des Popsängers.

Arbeitsblatt 8 (Seite 70)

1. **maskulin:** den, einen, dem, einem, des Schülers, eines Schülers
   feminin: die, eine, die, eine, der, einer, der, einer
   neutral: das, ein, das, ein, dem, einem, des Buches, eines Buches
   Plural: die, meine, die, meine, den Diplomen, meinen Diplomen, der, meiner

Arbeitsblatt 9 (Seite 71/72)

1. *Beispiele:* **1.** In meiner Freizeit lese ich gern oder ich mache Radtouren mit Freunden. **2.** Ich wohne in Den Haag. **3.** Ich habe eine Ausbildung als Automechaniker abgeschlossen. **4.** Heute arbeite ich in einer bekannten Autowerkstatt./Ich studiere Wirtschaft an der Erasmus-Universität in Rotterdam. **5.** Ich repariere Autos und ich führe Inspektionen durch.
2. *Beispiele:* **1.** Eine Ärztin untersucht Patienten. **2.** Der Deutschlehrer unterrichtet das Fach Deutsch.
   3. Die Kellnerin bedient Gäste in einem Restaurant. **4.** Ein Koch kocht meistens nach eigenen Kochrezepten. **5.** Eine Assistentin schreibt E-Mails und telefoniert viel.
3. Peter Schmidt ist von 1988 bis 1992 auf ein Gymnasium gegangen. 1992 hat er das Abitur gemacht. Von 1992 bis 1996 hat er an der Humboldt-Universität Chemie studiert. Im Juli und August 1995 hat er als Praktikant bei Bayer gearbeitet. 1996 hat er eine Stelle als Chemiker bei General Electric bekommen.
4. **1.** mich **2.** dich **3.** sich **4.** sich **5.** euch **6.** sich **7.** euch **8.** uns
5. **1.** meinem **2.** Dieses **3.** die, die **4.** dem **5.** seine neue **6.** einen **7.** eine, der **8.** Die, meines

2 Hobbys und Freizeit

Arbeitsblatt 3 (Seite 76)

1. **können:** ich konnte, du konntest, er/sie/es konnte, wir konnten, ihr konntet, sie/Sie konnten

müssen: ich musste, du musstest, er/sie/es musste, wir mussten, ihr musstet, sie/Sie mussten
sollen: ich sollte, du solltest, er/sie/es sollte, wir sollten, ihr solltet, sie/Sie sollten
wollen: ich wollte, du wolltest, er/sie/es wollte, wir wollten, ihr wolltet, sie/Sie wollten
dürfen: ich durfte, du durftest, er/sie/es durfte, wir durften, ihr durftet, sie/Sie durften
mögen: ich mochte, du mochtest, er/sie/es mochte, wir mochten, ihr mochtet, sie/Sie mochten

2. *Beispiele:* Peter musste sich immer vor dem Essen die Hände waschen. Peter durfte nie nach 21.00 Uhr fernsehen. Peter konnte stundenlang mit seinen Matchboxautos spielen. Peter musste täglich sein Zimmer aufräumen. Peter wollte Astronaut werden. Peter musste mit der Nachbarstochter sprechen. Peter durfte nicht lügen. Peter sollte keine schlechten Noten bekommen. Peter wollte gern Briefmarken sammeln.

Arbeitsblatt 6 (Seite 80)

siehe Kursbuch Seite 47, A26

Arbeitsblatt 7 (Seite 82)

1. **Teil A:** wohnte, wollte, schrieb, bat, machte, interessierte, wusste
   Teil B: schickte, antwortete, war, half, musste, starb, hatte, bekam

Arbeitsblatt 9 (Seite 84/85)

1. *Beispiele:* **1.** Klavier spielen **2.** einen Film ansehen **3.** im Internet surfen **4.** Fremdsprachen sprechen/lernen **5.** in sozialen Netzwerken kommunizieren **6.** in der Sonne sitzen **7.** in ein Konzert gehen **8.** Freunde besuchen **9.** eine Reise machen/buchen **10.** Sport treiben
2. **1.** musste **2.** können/wollen **3.** müssen **4.** darf **5.** wollte **6.** konnte **7.** Möchtest **8.** soll **9.** konnten/können **10.** Wollt
3. *Beispiele:* **1.** die Eintrittskarte **2.** der Tennisschläger/der Fußball **3.** das Büro **4.** der Krimi **5.** das Radio/der MP3-Spieler **6.** der Polizist/Kommissar **7.** der Fotoapparat **8.** der Komponist **9.** der Schauspieler **10.** die Trompete/Gitarre/Flöte
4. **1.** Am Nachmittag habe ich kein Buch gekauft. **2.** Ich habe nichts über diesen Film gehört. **3.** Ich gehe nie(mals) in diese Cafeteria. **4.** Mein Freund kann (noch) kein Griechisch sprechen. **5.** Wir haben uns letzte Woche nicht getroffen.
5. **1.** Wir haben letzte Woche über die Preise gesprochen. **2.** Thomas Mann hat viele wichtige Romane geschrieben. **3.** Marina hat mir gestern Fotos von ihrer Reise gezeigt. **4.** Herr und Frau Schulze haben eine Waschmaschine als Hochzeitsgeschenk bekommen. **5.** Die weltberühmte Sängerin hat im Konzert ein Lied auf Spanisch gesungen.

3 Geld und Konsum

Arbeitsblatt 4 (Seite 91)

1. die Kleidung **2.** die Freizeit **3.** das Haushaltsgerät **4.** das Verkehrsmittel **5.** der Gemüsehändler **6.** der Supermarkt **7.** das Delikatessengeschäft **8.** der Buchladen **9.** die Kinderbekleidung **10.** die Gartenmöbel **11.** die Damenschuhe **12.** die Lederwaren **13.** der Produktpreis **14.** die Herstellung **15.** die Herkunft **16.** die Bioqualität

Arbeitsblatt 8 (Seite 96)

1. **Verben mit Akkusativ:** anrufen, besuchen, bezahlen, brauchen, essen, finden, haben, hören, kennen, kosten, lesen, lieben, mögen, möchten, öffnen, parken, sehen, trinken
   Verben mit Dativ: danken, gefallen, gehören, gratulieren, helfen, passen, schmecken
   Verben mit Akkusativ und Dativ: beantworten, bringen, geben, kaufen, schenken, schicken, schreiben, senden, zeigen

Arbeitsblatt 9 (Seite 97/98)

1. **1.** Weil ich eine schlechte Nachricht bekommen habe. **2.** Weil er zu seinen Eltern gefahren ist. **3.** Weil ich es vergessen habe. **4.** Weil sie sich die Haare geföhnt hat. **5.** Weil sie den Bus verpasst haben.
2. **1.** Wenn wir Zeit haben, fahren wir in den Urlaub. **2.** Wenn Sabine krank ist, sagt sie ihren Termin bei der Bank ab. **3.** Wenn Bettina und Jakob heiraten, fahren sie danach nach Italien. **4.** Wenn Karl die Sprachprüfung besteht, macht er eine große Party. **5.** Wenn ihr Vollzeit arbeitet, habt ihr ein größeres Einkommen.
3. **1.** meiner, einen **2.** ihre **3.** die **4.** meinem **5.** meinem **6.** meine **7.** diese **8.** deiner, diese
4. Ihnen, möchte, Größe, Moment, anprobieren, mir, bezahlen, kostet, Dank, Wiedersehen
5. **1.** Geld abheben, verlieren **2.** ein Kleid anprobieren, kaufen **3.** einen Freund besuchen, treffen **4.** Flugtickets buchen, umtauschen **5.** eine Arbeitsstelle wechseln, bekommen

Arbeitsblatt 10 (Seite 99)

1. d **2.** b **3.** f **4.** X **5.** e

4 Arbeit und Beruf

Arbeitsblatt 2 (Seite 101)

Spalte 1: *Beispiele:* Protokolle schreiben (schrieb, hat geschrieben), E-Mails senden (sendete, hat gesendet), Kaffee trinken (trank, hat getrunken), Berichte lesen (las, hat gelesen), über dienstliche Probleme sprechen (sprach, hat gesprochen), im Internet Sachen kaufen (kaufte, hat gekauft), eine Beförderung feiern (feierte, hat gefeiert), mit Kunden telefonieren (telefonierte, hat telefoniert)

Spalte 2: *Beispiele:* an Besprechungen teilnehmen (nahm teil, hat teilgenommen), Dokumente veröffentlichen (veröffentlichte, hat veröffentlicht), Dienstreisen machen (machte, hat gemacht), im Stau stehen (stand, hat gestanden), Rechnungen bezahlen (bezahlte, hat bezahlt), Briefe beantworten (beantwortete, hat beantwortet), im Online-Shop Sachen kaufen (kaufte, hat gekauft), Computerspiele spielen (spielte, hat gespielt), Termine vereinbaren (vereinbarte, hat vereinbart)

Arbeitsblatt 3 (Seite 102)

1. Kaiser Franz Joseph wurde geboren. **2.** Die Leitung der New Yorker Philharmonie. **3.** Das ist die Geburtsstunde von Lotto „6 aus 49". **4.** Das „Sie" in der Anrede. **5.** 1841, Edgar Allan Poe **6.** Wolfgang Amadeus Mozart wurde geboren. **7.** Die Walpurgisnacht. **8.** 1861 **9.** 1981 **10.** Die „Deutsche Republik".

Arbeitsblatt 7 (Seite 106)

1. c **2.** c **3.** sprechen **4.** c **5.** c **6.** a (Ich möchte <u>Ihnen</u> unser neues Projekt vorstellen.)

Arbeitsblatt 8 (Seite 107)

an + Dativ: arbeiten an, teilnehmen an
bei + Dativ: anrufen bei, *arbeiten bei
mit + Dativ: *arbeiten mit, *reden mit, *sprechen mit, *sich streiten mit, telefonieren mit
nach + Dativ: fragen nach, suchen nach
zu + Dativ: gratulieren zu, zählen zu
an + Akkusativ: denken an, sich erinnern an
auf + Akkusativ: sich freuen auf, warten auf
für + Akkusativ: sich bedanken für, sich entschuldigen für, sich interessieren für
in + Akkusativ: sich verlieben in
um + Akkusativ: sich bewerben um, es geht um, *sich streiten um
über + Akkusativ: sich ärgern über, berichten über, sich beschweren über, sich freuen über, *reden über, *sprechen über, *sich streiten über
*(*Verb kommt mehrmals vor)*

Arbeitsblatt 9 (Seite 108/109)

1. *Beispiele:* der Computer, der Terminkalender, der Schreibtisch, der Drucker, die Taste, die Tastatur, der Stuhl, der Laptop, die Kaffeemaschine, das Kabel
2. **1.** Entschuldigung, wie war Ihr Name? **2.** Wo ist Herrn Bergmeisters Büro?/Wo finde ich Herrn Bergmeisters Büro? **3.** Ich möchte gern ein Einzelzimmer für zwei Nächte reservieren/buchen. **4.** Passt es Ihnen am nächsten Montag, dem 25. Juni, um 9.30 Uhr? **5.** Entschuldigung, darf ich mal Ihr/dein Wörterbuch benutzen?
3. **1.** mit deiner **2.** über unser **3.** auf/über die **4.** auf das **5.** in seine **6.** an meine **7.** über den **8.** an der **9.** für die **10.** mit einer
4. **1.** Würdest/Könntest du mir bitte eine Kopfschmerztablette geben? **2.** Würden/Könnten Sie mich bitte morgen anrufen? **3.** Würdest/Könntest du mir bitte helfen? **4.** Würdet ihr bitte mit dem Chef über das Projekt sprechen? **5.** Kinder, würdet/könntet ihr bitte die Tür öffnen?
5. **1.** geht **2.** leid **3.** vereinbaren **4.** Hätten **5.** passt **6.** habe **7.** sehe **8.** melden **9.** hole **10.** Dank

5 Urlaub und Reisen

Arbeitsblatt 2 (Seite 112)

F2, A3, D4, E5, C6, G7

Arbeitsblatt 8 (Seite 118)

1. **maskulin:** der, der, ein; den, den, einen; dem, dem, einem; des, des, eines
   feminin: die, die, eine; die, die, eine; der, der, einer; der, der, einer
   neutral: das, das, ein; das, das, ein; dem, dem, einem; des, des, eines
   Plural: die, die, meine; die, die, meine; den, den, meinen; der, der, meiner
   In den grauen Kästchen weichen die Endungen von den Nominativ-Endungen ab.

Arbeitsblatt 9 (Seite 119/120)

1. *Beispiele:* **1.** Am Wochenende fahre ich zuerst zu meiner Großmutter nach Berlin und danach ans Meer. **2.** Ich bin mit meinem Bruder, meiner Schwester und einer Freundin nach Deutschland gereist. **3.** Wir sind am Wochenende losgefahren und waren am Montag, dem 21. August, wieder zurück aus Deutschland. **4.** Letzten Sommer war ich bei meinen Freunden in China, in der Schweiz und in den USA. **5.** Familie Krumm ist mit ihrem Auto zum Flughafen gefahren, dann hat sie das Flugzeug nach Prag genommen und dort den Bus.
2. **1.** der Koffer **2.** die Tablettenschachtel/die Tabletten **3.** der Fotoapparat **4.** das Geld **5.** die Sonne
3. **1.** ein gemütliches **2.** ein ägyptisches **3.** die schmutzigen **4.** eine wichtige, unserem belgischen
4. **1.** besuche **2.** liegt **3.** verfügt **4.** gegessen **5.** kaufen/schreiben
5. *Beispiele:* **1.** Meinen letzten Urlaub habe ich in Deutschland und in der Schweiz verbracht. **2.** Ich bin mit dem Flugzeug, dem Zug und mit anderen öffentlichen Verkehrsmitteln gereist. **3.** Ich bin eine Woche in der Schweiz und eine Woche in Deutschland gewesen. **4.** Meistens habe ich in Hotels übernachtet. **5.** Ich habe Verwandte und Freunde besucht. Ich bin in Museen gegangen und ich bin, wenn möglich, gesegelt.

Arbeitsblatt 10 (Seite 121)

Österreich, ja, Katze, nein, Ein Freund hat es empfohlen., Lage

6 Tiere und Menschen

Arbeitsblatt 2 (Seite 123)

Gruppe 1: *-heit oder -keit;* einsam; die Gesundheit, die Freundlichkeit
Gruppe 2: *-ig;* fleißig; die Geduld, der Stress, das Gift, die Ruhe
Gruppe 3: *-lich;* körperlich, tödlich, wissenschaftlich; die Gefahr
Gruppe 4: *-e + einen Umlaut;* groß, hoch; die Länge
Gruppe 5: *-nz;* tolerant; die Intelligenz
Gruppe 6: *-tät;* aggressiv; die Kreativität

Arbeitsblatt 4 (Seite 125)

A: 5, B: 2, C: 1, D: 4, E: 3

Arbeitsblatt 8 (Seite 131)

1. siehe Kursbuch Seite 180, Seite 180/C1 und Anhang des Kursbuches Seite 266

Arbeitsblatt 9 (Seite 132/133)

1. **1.** schöner, am schönsten **2.** erfolgreicher, am erfolgreichsten **3.** besser, am besten **4.** teurer, am teuersten **5.** frischer, am frischsten **6.** kälter, am kältesten **7.** höher, am höchsten
2. *Beispiele:* **1.** Nimm eine Tablette gegen Kopfschmerzen! **2.** Arbeite nicht so viel und geh rechtzeitig ins Bett! **3.** Onkel Franz, versuche mehr Sport zu treiben! **4.** Michael, komm mich mal besuchen! **5.** Gisela, mach Schluss mit ihm!
3. *Beispiele:* Martina Müller treibt viel Sport und isst am liebsten Obst und Gemüse. Einmal in der Woche geht sie ins Fitnessstudio. Abends liest sie gern Bücher. Martina ist verheiratet. Paul Pfeiffer lebt allein. Er isst oft in Fastfood-Restaurants, denn er kann nicht kochen. Am Wochenende sieht er fern oder trifft sich mit Freunden.
4. **1.** der **2.** die **3.** das **4.** den **5.** das **6.** das
5. **1.** haben **2.** haben/suchen **3.** schreiben/senden/schicken **4.** haben/mieten/kaufen/suchen **5.** verlieben **6.** sein **7.** führen **8.** spielen **9.** leiden **10.** wohnen/leben/arbeiten

Arbeitsblatt 10 (Seite 134)

1. c **2.** a **3.** b **4.** b **5.** c

7 Wohnen und Essen

Arbeitsblatt 5 (Seite 140)

1. am **2.** am **3.** auf **4.** in **5.** vom **6.** aus **7.** von **8.** Von **9.** in **10.** im **11.** der **12.** dem **13.** auf **14.** für **15.** im

Arbeitsblatt 9 (Seite 144/145)

1. *Beispiele:* Der Blumentopf steht auf der Fensterbank/auf dem Fensterbrett. Das T-Shirt hängt über der Rückenlehne des Sofas. Der Stuhl steht links neben dem Sofa. Die Tasse steht auf dem Fernseher. An der Lampe hängen Sportschuhe. Die Bücher liegen unter dem Sofa. Die Gardinen hängen vor dem Fenster.
2. **1.** Als **2.** Wenn **3.** trotzdem **4.** obwohl **5.** deshalb **6.** weil **7.** aber **8.** denn
3. **1.** ein Hemd **2.** die Wände **3.** den Kühlschrank **4.** eine Garage **5.** eine Steckdose **6.** den Garten **7.** das Wohnzimmer **8.** neue Möbel **9.** Gemüse **10.** Fisch
4. *Beispiele:* **1.** Ich mag Petersilie, Basilikum und Thymian. **2.** Zum Frühstück esse ich Müsli und eine Scheibe Brot. **3.** Zum letzten Mal habe ich in Brüssel sehr lecker gegessen. **4.** Gestern hatte ich keine Lust, Essen zu kochen und abzuwaschen. **5.** In meiner Wohnung darf man nicht Rad fahren und auch nicht Fußball spielen.
5. **1.** möchtet **2.** geschmeckt **3.** möchte/hätte **4.** Könnten **5.** ist/schmeckt **6.** zahlen **7.** bestellt **8.** hat

8 Politik und Technik

Arbeitsblatt 1 (Seite 147)

1. Bankberater – Bankmanager, ältere Mitarbeiter entlassen – älteren Mitarbeitern gekündigt **2.** teurer – stabiler, Schweine – Kühe **3.** Sportler – Rentner, 355.000 – 350.000 **4.** 97 – 79, europäische Städte – Städte der Welt **5.** Bücher und Zeitschriften – Bücher, Aussteller – Besucher

Arbeitsblatt 3 (Seite 149)

1. b) der Bombenanschlag, die Bombenanschläge **c)** der Außenminister, die Außenminister **d)** das Gesprächsthema, die Gesprächsthemen **e)** die Landesregierung, die Landesregierungen
2. a) der Ausstellungsbesucher, die Ausstellungsbesucher **b)** das Kunstwerk, die Kunstwerke **c)** die Tanzveranstaltung, die Tanzveranstaltungen **d)** die Theatervorstellung, die Theatervorstellungen **e)** die Buchmesse, die Buchmessen
3. a) der Finanzhaushalt, die Finanzhaushalte **b)** das Billigangebot, die Billigangebote **c)** die Steuererhöhung, die Steuererhöhungen **d)** die Kaffeefirma, die Kaffeefirmen **e)** die Arbeitsbedingungen *(Pl.) (die Bedingung/die Bedingungen)*
4. a) der Weltmeister, die Weltmeister **b)** die Halbzeit, die Halbzeiten **c)** die Bundesliga *(Sing.) (die Liga, die Ligen)* **d)** der Torhüter, die Torhüter **e)** das Pokalendspiel, die Pokalendspiele
5. a) das Billigangebot, die Billigangebote **b)** die Flughafengebühr, die Flughafengebühren **c)** das Flugzeug, die Flugzeuge **d)** die Zugfahrkarte, die Zugfahrkarten **e)** der Direktflug, die Direktflüge

Arbeitsblatt 6 (Seite 153)

Kaffeemaschine: mit dieser, mit frischem, mit, mit, in den, an der, für den, auf der
Waschmaschine: Durch dieses, in die, für die, auf die, mit der, mit, für weiße, bunte, auf die, Nach dem, aus der

Arbeitsblatt 8 (Seite 156)

1. **Präsens:** ich werde gefragt, du wirst gefragt, er/sie/es wird gefragt, wir werden gefragt, ihr werdet gefragt, sie/Sie werden gefragt
   Präteritum: ich wurde gefragt, du wurdest gefragt, er/sie/es wurde gefragt, wir wurden gefragt, ihr wurdet gefragt, sie/Sie wurden gefragt
2. *Beispiele:* Der Koffer wird/wurde gebracht. Der Patient wird/wurde behandelt. Die Zeitung wird/wurde in Hamburg herausgegeben. Das Gemüse wird/wurde vom Bauern angebaut. Zuerst wird/wurde der Computer eingeschaltet. Das Arbeitsblatt wird/wurde fotokopiert. Die Nachrichten werden/wurden gesprochen. Eine Billigreise wird/wurde angeboten. Die Kaffeemaschine wird/wurde mit Wasser gefüllt. Eine Urlaubsreise wird/wurde schon gebucht. Der Fahrer wird/wurde bei einem Unfall verletzt. Die Firma wird/wurde gut geführt. Die Gäste werden/wurden immer gut bedient. Es werden/wurden täglich Briefe geschrieben. Das Brot wird/wurde vom Bäcker geschnitten. Die Steckdose wird/wurde von einem Installateur angebracht. Die Lebensmittel werden/wurden gekauft. Alle Bücher werden/wurden gelesen. Große Feste werden/wurden immer gern(e) organisiert. Was wird/wurde gestern in der Kantine gegessen? Nach dem Essen wird/wurde noch etwas getrunken.

Arbeitsblatt 9 (Seite 157/158)

1. **1.** der Mörder **2.** die Fluggesellschaft **3.** der Rasierapparat **4.** die Taste **5.** die Regierung **6.** die Zeitschrift **7.** das Handy **8.** der MP3-Spieler **9.** die Windenergie **10.** das Gesprächsthema
2. *Beispiele:* **1.** Man braucht eine Lampe, um bei wenig Licht besser lesen zu können. **2.** Man braucht eine Handtasche, um persönliche Dinge mitzunehmen. **3.** Man braucht einen Bleistift, um sich Notizen zu machen. **4.** Man braucht einen Laptop, um etwas im Netz zu recherchieren. **5.** Man braucht einen Ball, um Fußball zu spielen.
3. **1.** Hier werden Gemüse und Kräuter vom Gärtner angebaut. **2.** Die Ausstellung wurde von einem berühmten Maler eröffnet. **3.** Unser Wohnzimmer wird gerade tapeziert. **4.** Diese Patienten werden mit Antibiotika behandelt. **5.** Diese Zeitung wurde früher in Stuttgart herausgegeben.
4. **1.** dem **2.** die **3.** Ihrer **4.** deinen **5.** die **6.** unseren **7.** einer, die **8.** ihren **9.** dem
5. **1.** führen, geführt haben **2.** lesen, gelesen haben **3.** verlieren, verloren haben **4.** zahlen, gezahlt haben **5.** machen, gemacht haben

Arbeitsblatt 10 (Seite 159)

1. c **2.** a **3.** c **4.** c **5.** b

Bildquellen:
© **stock.adobe.com:** BalanceFormCreative (Cover); **S. 52** BillionPhotos.com (1), Cookie Studio (2); **S. 68** artmim; **S. 77** Sergii Figurnyi (1), Georgios Kollidas (2), Anibal Trejo (3) **S. 78** photo 5000 (1), finwal89 (2), irimeiff (3); **S. 121** Sina Ettmer; **S. 128** crazypixels20 (1), Racle Fotodesign (2), contrastwerkstatt (3), runzelkorn (4), Manuel Tennert (5); **S. 134** Cello Armstrong; **S. 140** stockone

Zeichnungen: Jean-Marc Deltorn